スポーツコーチング解体新書

学びを構造的に捉え
人を成長に導く

コーチングアーキテクト
今田圭太［著］

SPORT-COACHING
ANATOMISCHE TABELLEN

KANZEN

はじめに

人の成長に有効な手段として、世の中では「コーチング」という言葉が流行しています。コーチングという言葉を調べてみると、「相手がもつ可能性や力を最大限に引き出し、自ら行動する主体性を促して目標達成していくためのコミュニケーション技法」と定義されています。そして、主体的な行動を促すために相手から意見や答えを引き出すコーチングと対比させる意味で「教える」という手法として「ティーチング」という言葉が使われています。

私はティーチングとコーチングという言葉の分類に非常に強い疑問をもっていました。その理由は、私が専門としているスポーツコーチングの分野ではコーチングのひとつの手法として教えるという手段が存在するからです。つまり、スポーツコーチングの世界において、コーチングとティーチングは二項対立で表現できるようなものではなく、それぞれに特徴があり相互作用を働かせることによって、より学びと成長を生み出すものと言えます。

また、スポーツは、何かを学ぶ上でとても有益な環境です。なぜなら、スポーツは短時間に多くの経験を積むことができ、その中でトライ＆エラーを繰り返しながら学びを深め成長することができる構造になっているからです。そこでスポーツコーチは、目の前で目まぐるしく起こる状況や環境の変化に対応し、成長や目標達成のための決断を行い、プレーヤーとチームの成長・成功に導かなければなりません。

そんなスポーツコーチが駆使するものがスポーツコーチングです。それはスポーツの世界に限らず、さまざまな分野に対して汎用性のある素晴らしいツールであると確信しています。私はこれまで二〇年ほどのプロコーチ経験と十年ほどのコーチディベロッパー（コーチ育成者）経験を積み重ねてきました。その中でスポーツコーチングには人の可能性を最大化させ、その人がなりうる最高の自分に導いていてくれる大きな可能性があると考えています。

世の中にはコーチング、スポーツコーチングに関して書かれている書籍やコンテンツがたくさんありますが、スポーツコーチングを構造的に捉え、解説した書籍はありません。本書ではスポーツコーチングを構造的に捉えることで、スポーツの現場に限らず日常のありとあらゆるところでそのエッセンスを生かし、人や組織に多くの学びと成長をもたらすことができるようになることを目指しています。

人々の学びと成長をよりサポートするために、本書を参考に日々の自分のコーチング活動を振り返り、明日からのコーチングを考えるきっかけとして、納得するのではなく思考を巡らせ、自分の日々の生活に転用しながら読んでください。きっと明日からあなたの行動が変わります。

コーチングアーキテクト　今田圭太

目次

第二章　トレーニングの構造　81

第三章

「素晴らしいコーチ」の構造　165

第一章

人の学びと成長の構造

学びと成長の構造

コーチとしてプレーヤーの学びを引き出し成長させるためには、まず人がどのような構造で学び成長していくのかを理解しておかなければなりません。では、人はどのような構造で成長していくのでしょうか？

私が実施しているセミナーや講習会、もしくは指導現場で必ず伝える「人の学びの構造」があります。それは「ゴール設定と振り返り」＋「学びの三大原則（引用：株式会社チームボックス代表取締役・中竹竜二氏）」です（**図1**）。端的に言えば、「何を学びたいのか」「何を成長させたいのか」を明確にし（**【ゴール設定】**）、実際やってみて（**【学びの三大原則】**）、それを振り返る（**【振り返り】**）。この構造こそが人が学び成長する構造です。

「経験学習サイクル」（中原淳、中村和彦『組織開発の探求 理論に学び、実戦に活かす』ダイヤモンド社、二〇一八年）の中でも、人が学び成長するためには以下のような一連の流れが必要である、と記されています。

Ⅰ　Concrete Experiences：具体的体験

二　Reflective Observation：
内省的観察

三　Abstract Conceptualization：
抽象的概念化

四　Active Experimentation：
能動的実験

①人が職場で能力を高めるためには、まず経験が必要である。②今回体験した具体的事象を振り返り、③他の事象にも使えるようなノウハウを引き出し、④次の実践で使ってみる。

つまり、人が成長していくためには、「経験することは必須であるが、経験するだけではなくそれを振り返り、経験を見識に変換し、次の行動につなげることで人は成長していく」ということです。人は経験だけではなく、その経験を

(図1)「ゴール設定と振り返り」＋「学びの三大原則」

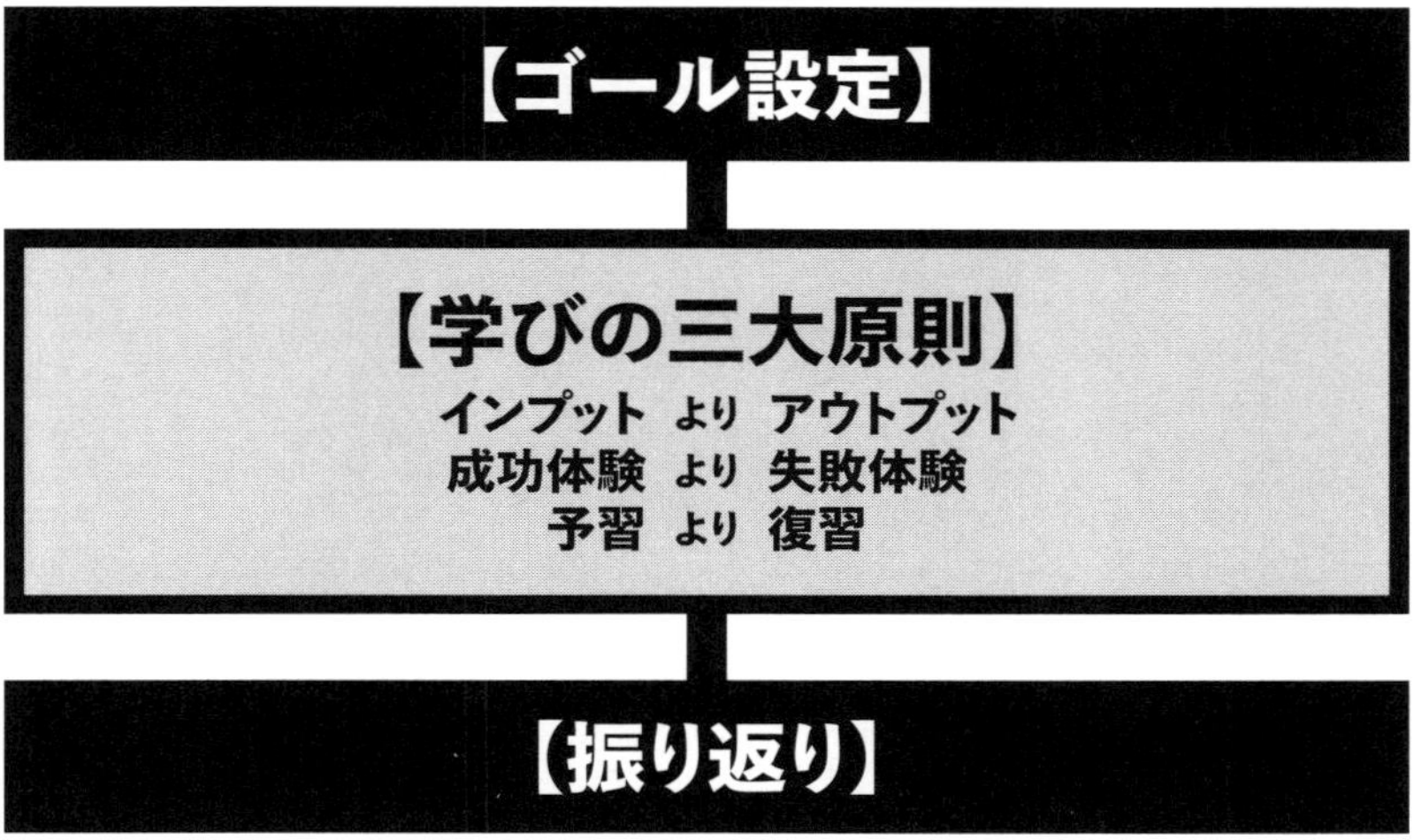

振り返ることで学びを得て、その学びを自分に取り込み行動することで初めて成長につながるということです。

スポーツの現場では、「トレーニングをやればやるほどうまくなる」という思い込みから徹底的にトレーニング量を確保するコーチがいます。それは「身体知」の観点からすると正しいとも言えますが、トレーニングはあくまで「経験を積む」行為にすぎません。スポーツ界における永遠のテーマとして「量か質か」の議論があります。確かに人の成長を考えたときに量は一定数必要になりますが、ただ量をこなせばいいというわけではなく、そこには質が必要です。

では、その質とは何か？　それはまさに**【ゴール設定】**と**【振り返り】**です。「何をやり、その結果、何を学べたのか」。これをトレーニング終了後にプレーヤーが明確に理解するかどうかが質になります。つまり、**【学びの三大原則】**に則って適切にトレーニングの量を確保し、さらに**【ゴール設定】**と**【振り返り】**を行うことによって、人は効果的に学びを得て成長へとつながっていくのです。

学びと成長とは何か？

人の学びと成長について、私は「ツリーモデル」として木を用いて説明しています。木は土の中に根を張り、その土の中から栄養や水分を採り入れ成長していきます。これを学びと成長に言い換えると、土が経験で、土の中にある養分が学び、それを吸い上げて伸びていく木が成長です（図2）。良質な土（経験）は木が成長する上では欠かせないものですが、良質な土があれば成長するわけではなく、その中にある養分（学び）をうまく吸い上げることができて初めて木は伸びて（成長）いきます。

養分をうまく吸い上げるためには、しっかりと根を張る必要があります。その根の部分は、ス

（図2）「ツリーモデル」

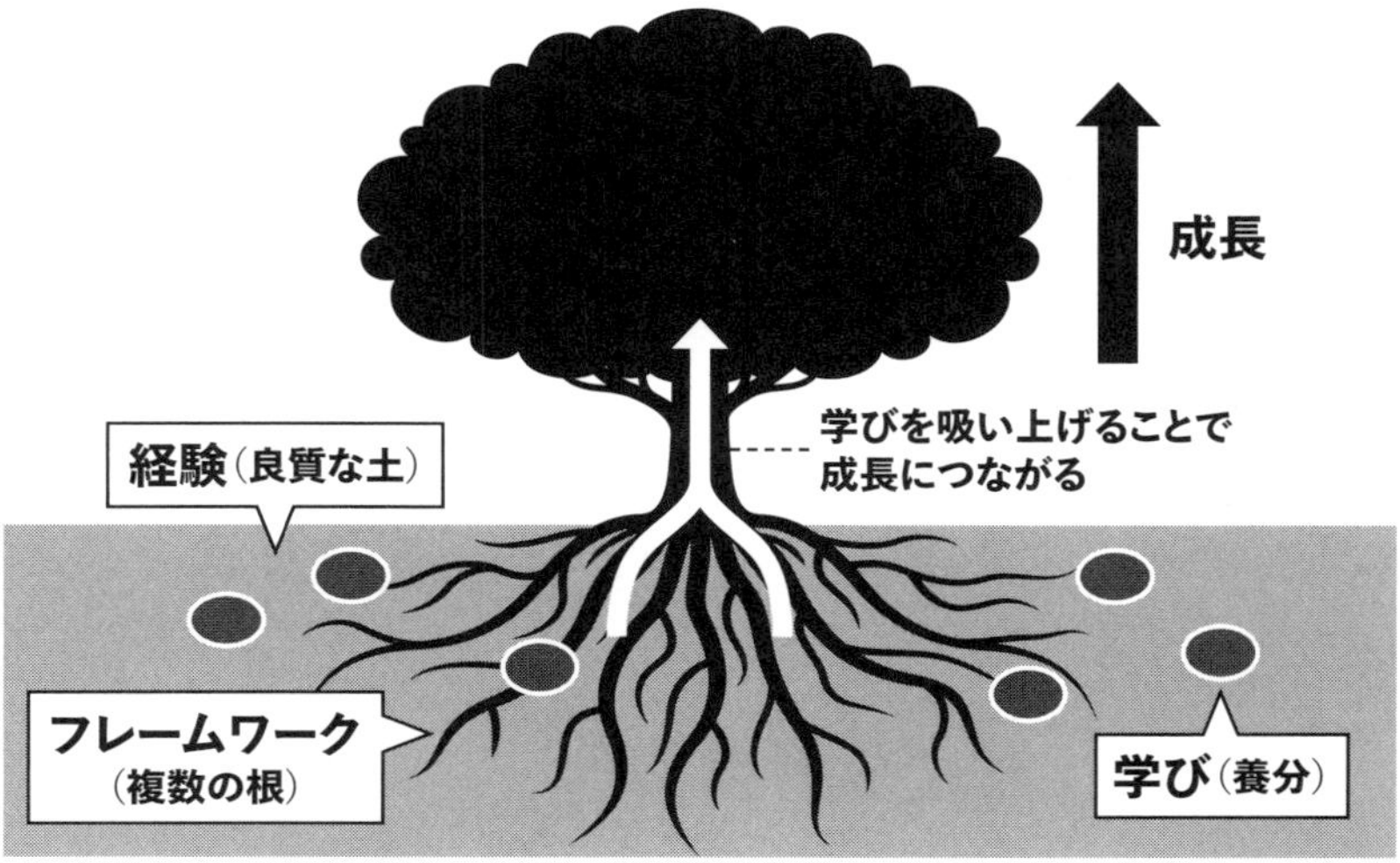

ポーツコーチングを構造化していく際に用いるフレームワークだと考えています。しっかりとした根を複数張ることによって、土の中にある養分をよりたくさん効果的に吸い上げることができ、結果的により効果的・効率的な成長へとつなげていきます。

そして、学びと成長を考える上で重要なのは、学びと成長を分けて考えることです。では、学びと成長をどのように定義するべきでしょうか？　人それぞれ解釈や捉え方は違うと思いますが、私自身の定義を以下に示します。

学びの定義

学びと聞くと多くの人が「知らないことを知れた」「新たな知識を得ることができた」と答えます。しかし、本当にそれだけでしょうか？　私はただ単に「知らないことを知れた」ということだけではなく、「知っていることでも新たな側面からそのことを捉えるための視点が増えた」ということも重要な学びなのではないか、と考えています。「知らないことを知る」ことも手段のひとつだと思いますが、あくまで手段のひとつでしかありません。
学びとは「物事の捉え方を豊かにする」ことだと考えています。そのためには「視点を増やす」

ことが重要で、**【振り返り】**をさまざまな視点から行うことによって人は視点を増やすことができ、結果として物事の捉え方が豊かになります。

例えば、トレーニングで「パスミスをした」という事実が発生したとき、それを「ミスをした」と事実だけを捉えるだけでは学びは発生しません。「なぜミスをしてしまったのか」という視点で振り返ると、「ミスの原因」を知ることができます。「どのようにすればミスをしなかったか」と考えれば、次への改善策を知ることができ、「そもそも他の選択肢はなかったのか」と考えれば、「その場における最適な選択肢は何だったのか」を知ることができます。

このように、振り返ることで体験したことを自分の見識として蓄えることができたり、視点を増やすことができると、それが学びとなり成長につながるので、学ぶ上では**【振り返り】**は欠かせないものになります。

物事の捉え方が豊かになることで、ひとつの事実からさまざまな要素が抽出される。これこそが学びであると考えています。

成長の定義

過去のある地点から経験を積み、その経験を振り返ることで学びを得た結果、その先に起こった変化が成長です。であれば、学びを得て「知識が増えた」という状態も成長だと言え、「プレーの質が変わった」「行動が変わった」ということも成長だと言えるでしょう。成長は実に多岐にわたります。

私は学びと成長は、十字架の形をしていると思っており、十字架のように「横軸」と「縦軸」が存在すると考えています（図3）。では、横軸と縦軸とは何か？　それぞれについて説明していきます。

まず、横軸は「幅」を増やすことです。幅広

（図3）学びと成長の十字架

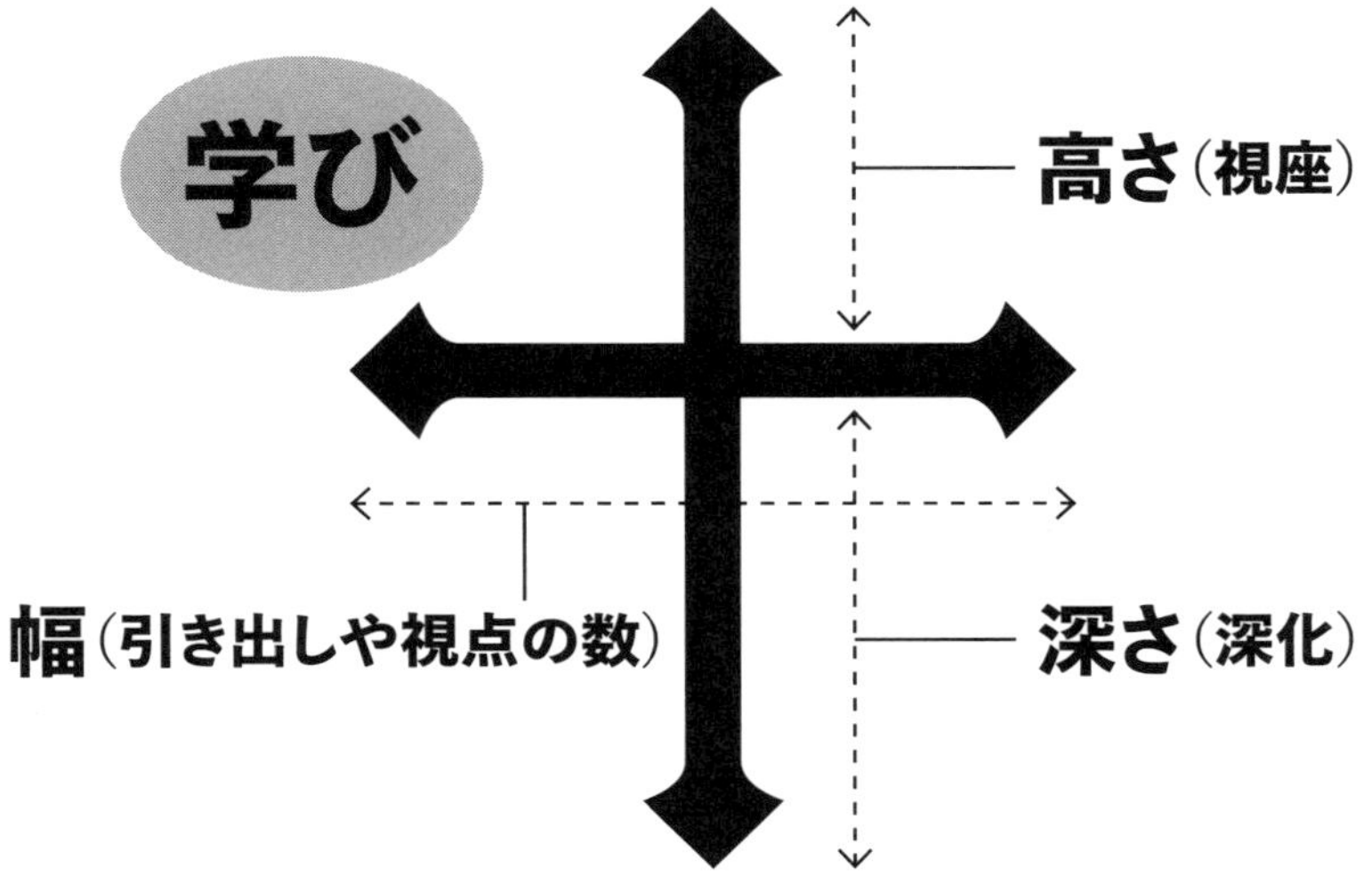

く学び、幅広く成長することがどのようなメリットをもたらすのか、考えてみましょう。横軸が成長することによって、もたらされるメリットとしては、スキルとしてできることが増えたり、考え方や物事の捉え方が豊かになることなどが挙げられます。

私は長年ラグビーに携わってきました。そうすると、どうしても思考やものの見方がラグビーという視点を通して見ることになってしまいます。しかし、それでは狭い世界でしか成長することができません。例えるなら、木がいくら縦に伸びていっても、その木が細く弱々しいものであれば、台風で風が吹いたり、何かがぶつかったりしたときにすぐ倒れてしまいます。

現在、「ＶＵＣＡ（ブーカ）」（Volatility＝変動性、Uncertainty＝不確実性、Complexity＝複雑性、Ambiguity＝曖昧性）時代と呼ばれるように、変動性が高く先行き不透明で暴風が吹き荒れている時代の中で生き抜いていかなければいけない状況下において、自分自身や自分がコーチングを行うプレーヤーが細長い木として成長してしまえばいとも簡単に倒れてしまいます。そうならないために、太い幹をもつ木にならなければなりません。

そんな太い幹をつくっていくために、横軸を広げていくために、取るべきアクションは「越境」です。自分がメインで生きているフィールド、もしくは自分の哲学や思想からできるだけ遠い人たちと交流していくことで、知らない世界を知ることができ視点が増え横軸が広がります。私は幸運なことに、ラグビーというフィールドを出て、バスケットボールやプロ野球の世界に触れることで、これまでの常識が覆されたことが多々あります。現在はスポーツの現場だけではなく、経営者としてビジネスの世界に出ることで、ビジネスの世界の人との交流から新たな視点や考え方を得ることができ、横軸が一気に伸びコーチングの考えが変わったり、ラグビーという競技の見方が変わったり、自分自身の変化を感じ成長を実感しました。

具体的には、ラグビーのディフェンス戦術を考えたりゲームモデルを考えたりする際に、バスケットボールや野球の視点からラグビーに応用できることを採り入れブラッシュアップしたり、他競技やビジネスのマネジメント手法をチームに採り入れたりもしました。

このように、現場のコーチングやチームマネジメントにおいて考え方やスキルの幅が広がることによって、できることが増えた経験があり、横軸の成長の重要性を身をもって感じました。

次に縦軸についてです。これは人間的な豊かさの成長で「深さ」と「高さ」を意味します。縦軸の成長によってもたらされるものは、自己認識の深化、抽象化の上げ下げなどが挙げられます。物事をより深く捉えて思考できるようになり、抽象度を上げることも下げることもできるようになると、同時に物事を柔軟に捉えることができるようになります。物事を深く考えることができる力、思考の抽象度を上げることができる力がつくことで、目の前で起きている現象に左右されることなく物事の本質を見抜けるようになります。さらに忍耐力もつくので、逆境や予期せぬ状況においてもその状況を受け入れ冷静な意思決定ができるようになり、結果的にチームとプレーヤーに大きな学びと成長をもたらすことができるようになります。

実際に、変化の激しいスポーツの世界において多くのコーチたちがハマってしまう罠がありま す。目の前で起きたことに反応しすぎてしまい物事の本質を見抜くことができず、応急処置を繰り返すことでその場をしのぎ一見、物事をうまく切り抜けたかのように感じますが、実は継続的に成長し続ける上ではマイナスになってしまっている、といった罠です。これはまさに、思考の深化と抽象化の上げ下げができないことがもたらす結果です。

私が接してきたコーチの中で常に何が起きても冷静に物事の本質を見抜き、冷静に意思決定をしているコーチは、例外なく物事を柔軟に捉え早急に正解を求めず、しかし常にスピード感をもって判断をしながらも、常に考えることをやめないコーチでした。なぜそのように縦軸が伸びたのか、そのコーチに話を聞くと、日々内省を繰り返したり、なぜ自分はコーチをしていて、どのような自分でありたいのかなど自分と対話する時間を意図的につくっていたり、さまざまな立場の人と数多くコミュニケーションを取ることでさまざまな視座から物事を捉えるためのトレーニングをしていました。

縦軸の成長とは人間的な豊かさの成長です。人間的に豊かになるためにはコツコツと地道に**【振り返り】**を行うことが重要です。そして、成長を考える上では横軸の成長はもちろん、この縦軸の成長にいかに向き合っていくかも非常に大切なポイントとなります。

【ゴール設定】と【振り返り】

学びを考える上で**【ゴール設定】**と**【振り返り】**の質にこだわることは必須条件です。コーチングの現場に行くと、よく「ゴール設定なんてしない」「ゴール設定は普段からできている」、「振り返りはいつもやっている」「忙しくて振り返る時間はない」といった声をよく聞きます。しかし、その実態は「ただゴールを設定しているだけ」「何となく振り返りをやっているだけ」で、もしくは時間がないからやっていないだけという場合がほとんどです。

【ゴール設定】と**【振り返り】**にこだわらないことは、学びを得て成長していく上で大きな損失です。時間がないからこそ、**【ゴール設定】**と**【振り返り】**の質にこだわらなければ、日々の積み重ねの意味がなくなってしまいます。実際、私がコーチとして、もしくはコーチディベロッパーとして現場でコーチの学びと成長をサポートするときは、このふたつのポイントにこだわり時間をかけます。

ここからは学びの質を高めるために必要不可欠な**【ゴール設定】**と**【振り返り】**について詳しく説明していきます。

【ゴール設定】

実際の指導現場、講習会などでコーチングについて話す際に最初に、そして最も強調して伝えるのが【ゴール設定】です。なぜ【ゴール設定】を最初に、かつ最も強調して伝えるかというと、そもそも「ゴールがないとコーチングができない」からです。

ゴールを設定することには大きくふたつの意味があります。ひとつ目は「向かう先を決める」こと、ふたつ目は「行動の質を上げる」ことです。そもそもゴールがなければどこに向かっていけばいいのかが定まらず、行動を起こすことができません。どこに行けばいいのか、いつまでに行けばいいのか。向かう先があってすべてがスタートするので、【ゴール設定】は最初にやるべき行動です。

【ゴール設定】の質は行動の質とリンクします。例えば、「今日、東京に来てください」という【ゴール設定】と「今日の一二時にJR東京駅の八重洲北口に来てください」という【ゴール設定】では、その後に取る行動の質が大きく変わってくることは容易に想像できると思います。要するに、ゴールの質が上がれば行動の質が上がり、結果的に目標達成につながる可能性が高くなるということです。

これをスポーツのトレーニングに置き換えて考えたとき、よくありがちなパターンとして、「今日はパスをトレーニングする」というゴールを設定するパターンがあります。一見、**【ゴール設定】**はできているように感じますが、ゴールの質としてはかなり低いと言わざるを得ません。理由は「パスのトレーニング」といっても、例えば「パスの投げ方を覚える」のか「パスのスピードを上げる」のか「パスを正確に投げる」のかなど、多くの意味が含まれてしまいプレーヤーによって解釈が変わってしまったり、コーチのコーチングがブレることが多いからです。実際、私がラグビーユース日本代表のキャンプに行ったときや講習会でこのようなゴールを立てるコーチがいたとしたら真っ先にフィードバックをするでしょう。

【ゴール設定】を整理すると、**【ゴール設定】**の質が上がり、その後のトレーニングプランの質が上がり、実際のコーチングの質も上がります。まさにゴールの質がコーチの行動の質も上げる結果をもたらし、それに付随してトレーニング中のプレーヤーの行動の質も向上します（**図4**）。

そして、ゴールの質が上がると、**【振り返り】**の質も向上します。設定したゴールの質が低いと**【振り返り】**を行う際の基準や切り口も曖昧になり、**【振り返り】**の質が低下して結果として経験から得ることができる学びの質と量が低下します。逆に、**【ゴール設定】**の質が高いと**【振り返り】**の基準や切り口が明確になり、それに伴い経験から得ることができる学びの量と質が飛躍的に向上します。ゴールの質が高まるとコーチやプレーヤーの行動の質の向上だけではなく、結果的に学びの場における構造自体の質の向上にもつながります。だからこそ【ゴール設定】の質を上げること、こだわることが大切なのです。

かくいう私もコーチとして研修を受講していたときやチームでコーチをしていた際、よくこの点を指摘されていました。特に、現在、株式会社チームボックスの代表取締役で、私が早稲田大学ラグビー蹴球部のコーチを務めていたときの監督である中竹竜二氏には【ゴール設定】について、トレーニングのたびに「このトレーニングのゴールは何？」「もっと具体的に言うと？」「で、何がやりたかったの？」といった質問攻めをされ、【ゴール設定】を徹底的に叩き込まれました。当時はなぜそこまで【ゴール設定】にこだわるのかいまいち理解できませんでしたが、その重要性を痛感するにつけ、いまでは中

（図4）【ゴール設定】の質

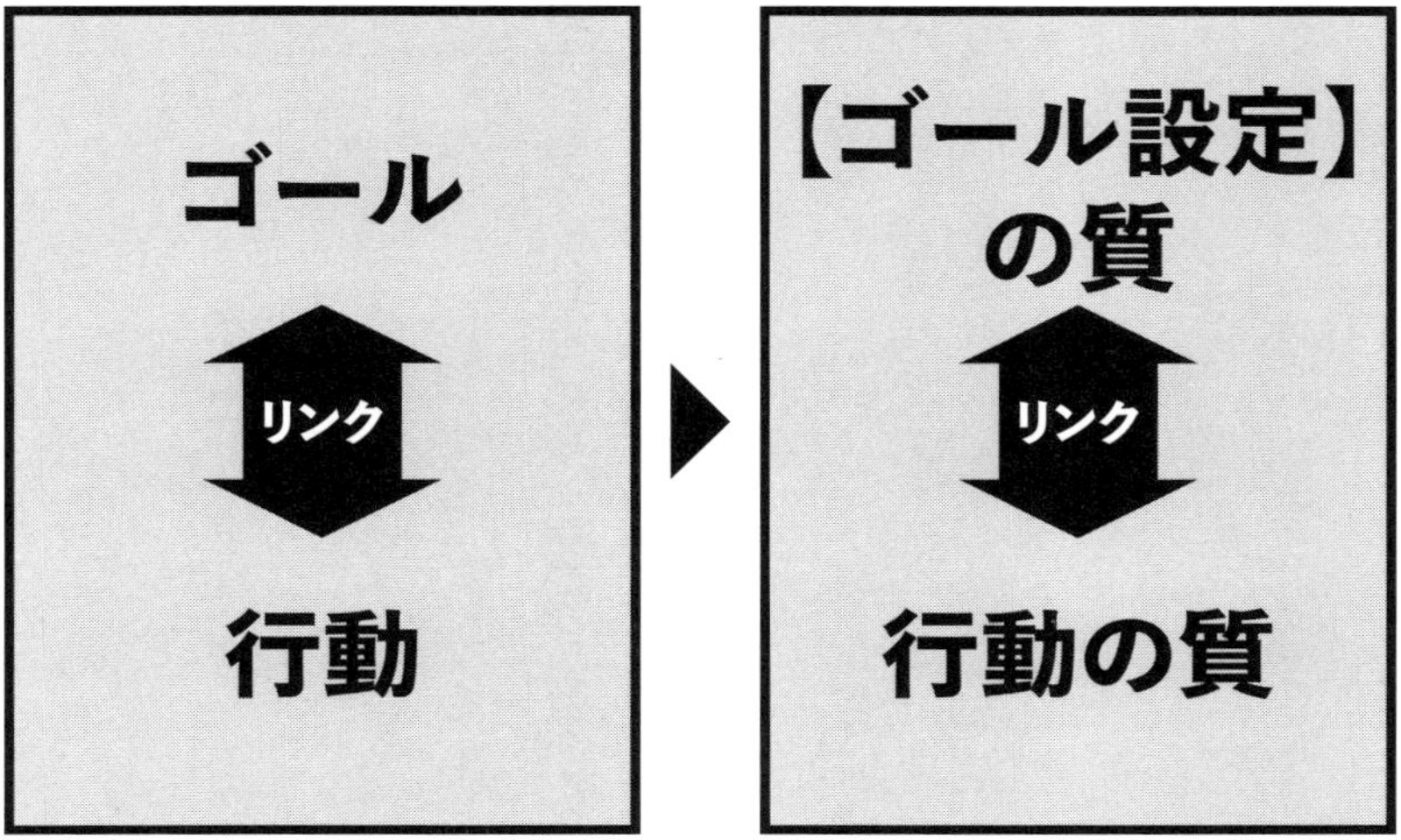

竹氏のような質問攻めを私がコーチにしている状況です。

このように、コーチにとって「どのように教えるかという能力」はもちろん必要な要素のひとつではありますが、それ以前に「何を教えるのかを決める能力」のほうがよっぽど重要だと言えます。

では、**【ゴール設定】**の質を高くするためにはどうしたらいいのでしょうか？　**【ゴール設定】**の質を上げるポイントをいくつか紹介します。世の中には「ＳＭＡＲＴの法則」（Specific＝具体的な、Measurable＝選定可能な、Assignable＝実現可能な、Realistic＝関連性のある、Time-boundo＝期限が明確な）と呼ばれる目標設定の手法をはじめとして、**【ゴール設定】**に関するさまざまな手法・法則が紹介されています。私は普段、それらすべてに共通していると考えられる項目を抽象化し、まとめられたものを伝えています。それはどのようなポイントかというと、

一　具体的であるか
二　適切な難易度になっているか
三　ワクワクするものになっているか

の三つです（**図5**）。では、それぞれのポイントを抑えられているかをどのように確認すればいい

のでしょうか？　そのポイントが分からないと意味がないので、それぞれについて解説していきます。

一　具体的であるか

いくつかポイントがありますが、まずは「ゴールの種類」を理解することです。ひと言でゴールの種類と言ってもさまざまなものがあります。例えば、中竹氏は「成果目標」「状態目標」「行動目標」というように、ゴール（ここでは目標）の種類を分けています。出したい成果は何で、その成果を出すためにはどのような状態をつくっておかなければならないのか、その状態をつくるためにはどのような行動をするのか、をそれぞれ【ゴール設定】することによってやるべき

(図5)【ゴール設定】の3つのポイント

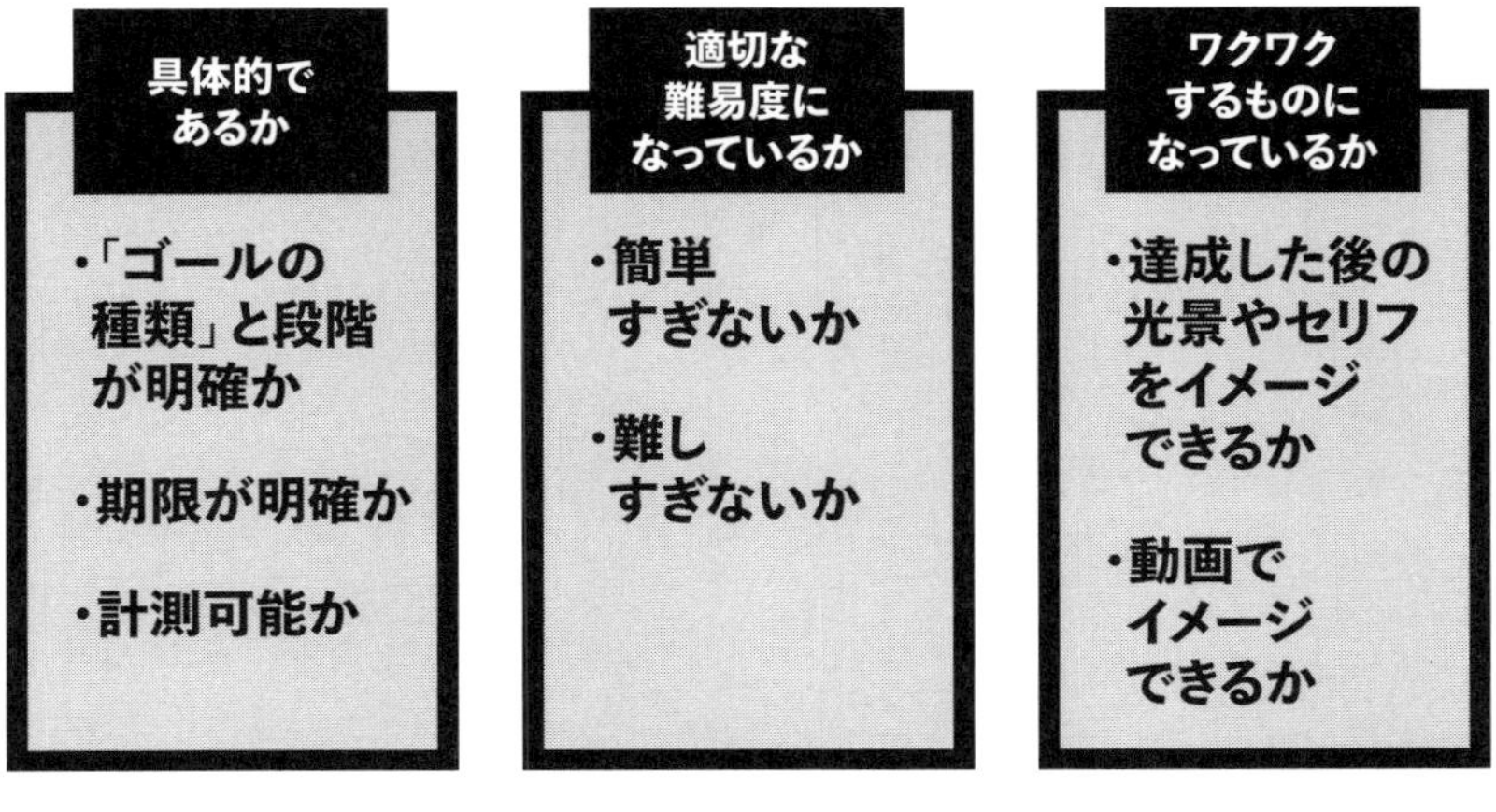
具体的であるか
・「ゴールの種類」と段階が明確か
・期限が明確か
・計測可能か
適切な難易度になっているか
・簡単すぎないか
・難しすぎないか
ワクワクするものになっているか
・達成した後の光景やセリフをイメージできるか
・動画でイメージできるか

これらのチェックポイントを満たしているかをチェックする

ことが明確になるというものです。

私もラグビーのプロコーチをやっていたときは、この考えに沿ってトレーニングメニューを組み立てていました。例えば、「一カ月後にタックルの成功率を九〇％にする」という成果目標を立てたとします。次に、その成果を出すためには、「正しい位置にポジショニングできている状態」「毎日一緒にトレーニングしてくれる仲間が一人はいる状態」「相手をタックルで倒すために必要な筋力を備えている状態」というように、成果を出すために必要な状態を設定します。さらに、その状態を達成するために「毎日二〇本タックルをする」「週五回ウエイトトレーニングを行う」「同じ課題をもっている仲間を見つける」など、行動の目標まで落とし込みます。

このように、より具体的に**【ゴール設定】**することで、何をやればいいのかが明確になり、ゴールを達成しやすくなるとともに、より深い学びを得られるようになります。

ゴールの種類は他にもあります。スポーツに置き換えると、「チーム」「ユニット」「ポジション」「個人」といった単位の括りや「フィジカル」「戦術」「戦略」「テクニック」「スキル」「メンタル」といった競技の要素に分けることもできます（**図6**）。

さらに、種類だけではなく段階も意識します。何かを習得していく上でどのような段階を踏んでいくのか、その構造を理解してゴールに反映させていきます。一般的には「無知→知っている→意識してもできない→意識したらできる→無意識ではできない→無意識でもできる」といった段階を踏むといわれています。例えば、パスの技術を習得しようとしたときに、そのトレーニングが「パスの投げ方を理解する」段階を求めるのか、「敵のいる状況で意識しなくても正確にパスを通す」段階を求めるのか、によって同じパストレーニングの括りでも実際のトレーニング計画やコーチング行動が変わります。

この部分を意識せずにトレーニングを行うコーチは実際にいます。そこで何が起きるかというと、プレーヤーにとって適切な**【ゴール設定】**になっていないことで、結果としてただ身体を動かしただけの学びの薄いトレーニングになってしまいます。パストレーニングというゴールをブラッシュアップするとすれば、「二対一の状況で正確にパスを通すことができるようになる」ように変えていくことが大切です。

(図6)【ゴール設定】の種類

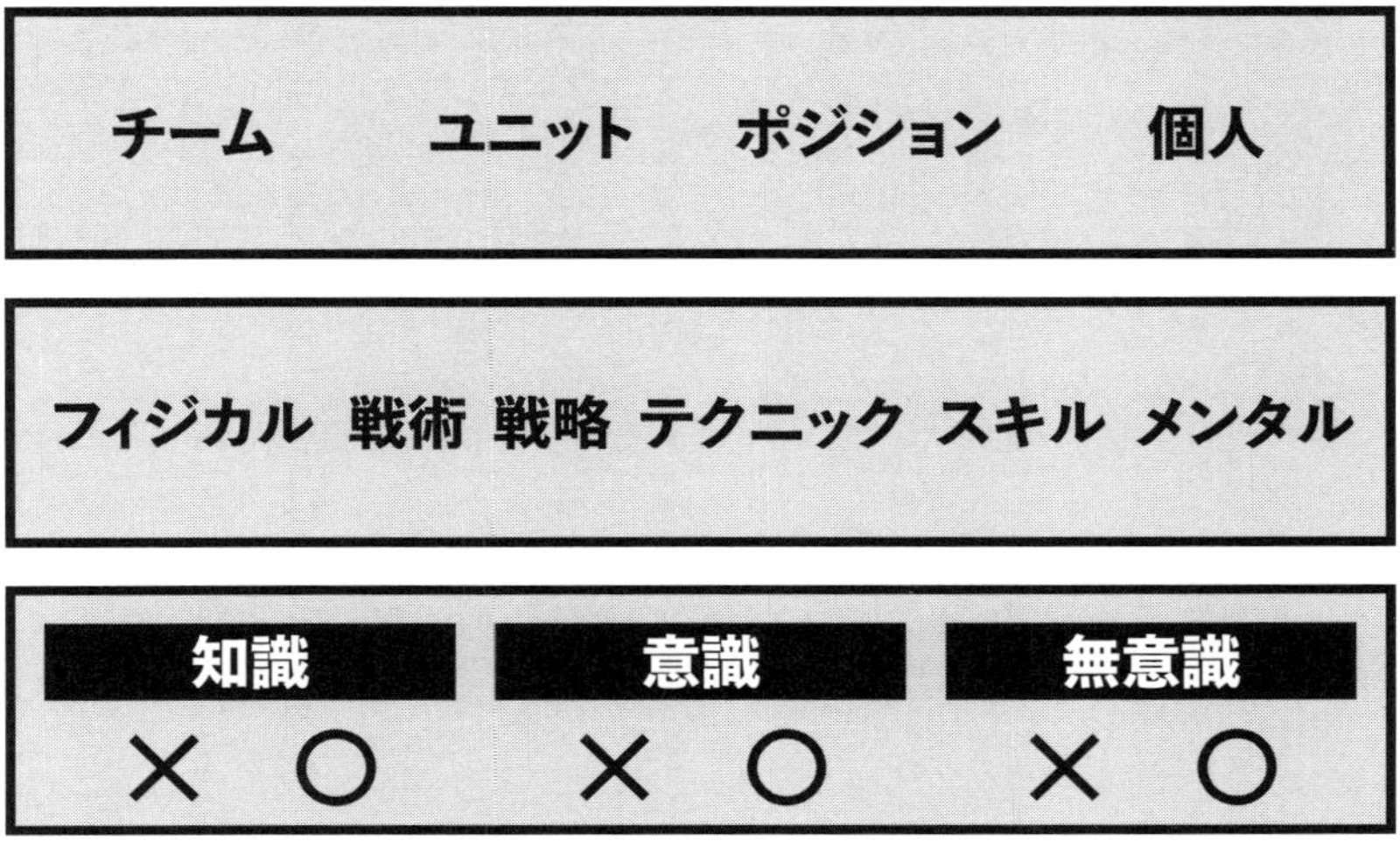

次のポイントは期限が明確か、です。ゴールを成立させるためには期限が必須です。いつまでにやるかが決まっていないものに対して、人は先延ばしにしてしまう傾向があります。私は小学生の頃からこの期限に助けられました。皆さんと同じように（？）夏休みの宿題に手をつけるのはギリギリでも、期限があることで宿題を始めることができました。大人になってからも納期が決まっているからこそ、その納期に向けて資料をつくったりすることができています。ゴールの段階を明確にしていくためにも、「いつまでにどのような成果をあげたいのか」を整理しておく必要があります。それによって、コーチが「いまは○○を重点的にコーチングしよう」「いまは△△の時期だから××は気にしないでおこう」とコーチングポイントが明確になり、コーチングの質が上がります。

最後は計測可能か、という点です。ゴールは切るためにあるものです。一○○メートル走だったり、遊園地にある迷路だったり、ゴールが設定されているものはゴールを切ることが前提になっています。そう考えたときに、自分自身が設定されたゴールを切れたのかどうかを理解しなくてはなりません。

講習会をやっていると、よく「より速く○○できるようになる」と**【ゴール設定】**をするコーチがいます。一見、適切に**【ゴール設定】**をできているように感じますが、これはダメな**【ゴール設定】**の典型例です。なぜダメなのでしょうか？　理由は単純で「より速く」とはどういうことなのかが不明確だからです。「いつの時点から、いつの時点で、どれくらい速くなっていればいいのか」を明確にできなければ、何をもってそのトレーニングで「より速く○○ができるようになったのか」が分からず、トレーニングの効果を実感できず、意味も感じることができません。つまり、**【ゴール設定】**が具体的かを考える上で「誰の、何が、いつまでに、どのようになっていてほしいか」を明確にできるかどうかが、その指標となります。

ただし、ゴールは設定するものでも達成することを目的とするものでもなく、使うものです。**【ゴール設定】**をレクチャーした後にとあるトレーニングの現場を見ると、「今日のトレーニングはゴールを達成できたから良かった」と話すコーチがいます。それはもちろん素晴らしいことで、コーチのトレーニングがうまくいき、結果的にプレーヤーが成長したことになります。しかし、「トレーニングの中でゴールを達成できなかった」からといって、そのトレーニングは悪いトレーニングなのかと言えばそうではありません。ゴールに向かってトレーニングを設計し、コーチングしていくことよりも、その過程において「できた／できない」を含めてプレーヤーに学びと成長が発生しているかがクローズアップされるべきです。

二　適切な難易度になっているか

普段、トレーニングをしている中で「簡単すぎる課題」や「難しすぎる課題」を課されたとき、モチベーションは高まるでしょうか？　おそらく簡単すぎたらつまらないと感じ、難しすぎたら最初から諦めてしまうという現象が起きるでしょう。それではトレーニングに対して前向きに取り組むことができず、トレーニングの質が低下してしまい、プレーヤーに学びは発生しません。であれば、「頑張ったらできるかもしれない」くらいの難易度の課題が最も「やってやろう」というモチベーションが湧き、トレーニングの質が高まるというものです。

【学びの三大原則】の中にも「成功体験より失敗体験」という原則があります。「失敗は成功のもと」「失敗なくして成功なし」など、世の中には失敗の重要性について語られた名言が数多くあります。それくらい失敗体験は貴重な体験です。では、自身のトレーニングを振り返ってみてください。普段のトレーニングの中ではどれくらいの失敗体験を積めるような計画になっていますか？

多くのコーチは失敗体験の重要性を分かっていながら、つい「成功させるトレーニング」を設計してしまいます。もちろん、成功体験は必要です。とはいえ、適切に失敗体験をさせられないトレーニングはいいトレーニングとは言えません。成功体験と失敗体験、両方を経験することで「うれしい」「悔しい」といった感情の揺れが起こり、モチベーションが湧いてきます。なぜ成功したのか、なぜ失敗したのか、と両方の観点で振り返ることによってより良い学びが生まれます。皆さんの経験の中でも「成功しかないトレーニング」や「頑張らなくても達成できてしまう課題」、もしくは「絶対成功しないトレーニング」や「どんなに頑張っても達成することのできない課題」に対しては、モチベーションが高まらないことがあったのではないでしょうか？

唐突ですが、想像してみてください。テレビゲームに例えて考えたときに「レベルMAXでひたすら一番弱い敵を二〇〇匹倒してください」という絶対に達成できてしまう課題や「レベル1でラスボスを倒してください」という無理難題に対して取り組もうと思っても、モチベーションは湧いてこないでしょう。ロールプレイングゲームなどの多くはそれぞれのレベルに合わせて頑張ったら倒せるかもしれないという程度の敵を設定しながら、時には敵を倒すことに失敗し、時には成功しながらゲームを進めることでプレーヤーのモチベーションを保ちながら成長し、クリアまで到達するようになっています。

【ゴール設定】として頑張ったらできるかもしれないけれど、できないかもしれない難易度で設定すると、それに伴ってトレーニングの内容も適切な難易度になります。結果としてプレーヤーが高いモチベーションでトレーニングに臨むことができ、トレーニングの質が高まることにつながるのです。

三　ワクワクするものになっているか

ワクワクするものになっているか。これは具体的であるか、適切な難易度になっているか、と密接にリンクしています。適切な難易度になっているかのパートでも述べたように、適切な難易度に設定されていないゴールに対してモチベーションは湧いてこずワクワクすらしません。

例えば、「今シーズンはチームとして日本一になる」という目標を掲げたとします。自分たちの現状はそれとは程遠く、全国大会はおろか地区大会の一回戦で大敗してしまうような現状であれば、その設定したゴールに対してモチベーションが湧くことはなく、ただのお飾りのゴールになってしまいます。

実際に、私がプロのラグビーチームでコーチをやっていたとき、当たり前のようにチームのシーズンゴールは「日本一」に設定していました。私自身はそれまでのキャリアの中でたとえチームがどんな状況であっても、日本一を目指すことが当たり前の環境で過ごしてきたので、当然プロのチームに行ったときも常に日本一を目指してプレーするものだと認識していました。しかし、当時のチーム状況は戦力的に日本一を目指すことが不可能ではなかったにせよ、かなりハードルが高くなかなかそのゴールに対してリアリティをもつことや共感を生むことはできませんでした。プレーヤーも「日本一」というゴールをトレーニング中や日々の活動の中で口にすることはなく、いつしかそのゴールは「ただそこにあるもの」になっていました。

何度も言うように、ゴールは「設定するもの」ではなく、「道具として使うもの」です。使えないゴールであれば設定する意味はありません。かつゴールと夢は違います。お飾りのゴールにならないために、ただの夢にならないためにも、**【ゴール設定】**は自分たちの現状に対して難しすぎたり、簡単すぎたりしないか、いま一度考えてみてください。

もうひとつのポイントとして「達成した後の光景やセリフを動画でイメージできるかどうか」が挙げられます。「今シーズンはチームとして日本一になる」という目標を文字として捉えるのか、日本一になる瞬間、達成した後の瞬間を頭の中で映像としてイメージするのかで、心の在り方はまるで変わってきます。もちろん、その情景を想像できるかどうかはプレーヤーやその人自身の想像力に依拠する部分もありますが、少なくともゴールを設定する人（コーチ）はゴールを達成する瞬間や達成した後の瞬間を動画で想像できるものかどうかを押さえておきたいところです。

＊＊＊

ここまで**【ゴール設定】**の三つのポイントについて説明しました。先ほども書いたように、実際のトレーニングで設定したゴールを忘れてしまい、コーチングするための道具として使えなければそもそも**【ゴール設定】**をする意味がありません。**【ゴール設定】**の話をすると、ゴールを設定することで満足してしまう、あるいは**【ゴール設定】**だけに一生懸命になってしまうコーチがいます。しかし、コーチングとはゴールを設定することではありません。設定したゴールを使ってトレーニング計画を立てる、トレーニングを実施して振り返る。このように、コーチングのすべての要素を**【ゴール設定】**に紐づけて実行することが不可欠だということは覚えておかなければなりません。

【振り返り】

人の学びと成長を考える上で、**【振り返り】**がもつ意味は、大きく「学びを深める」と「現状認識」のふたつだと考えています（**図7**）。学んでいく上でゴールを設定し、**【学びの三大原則】**に沿った経験をするだけでも学べるのは確かです

（図7）**【振り返り】**

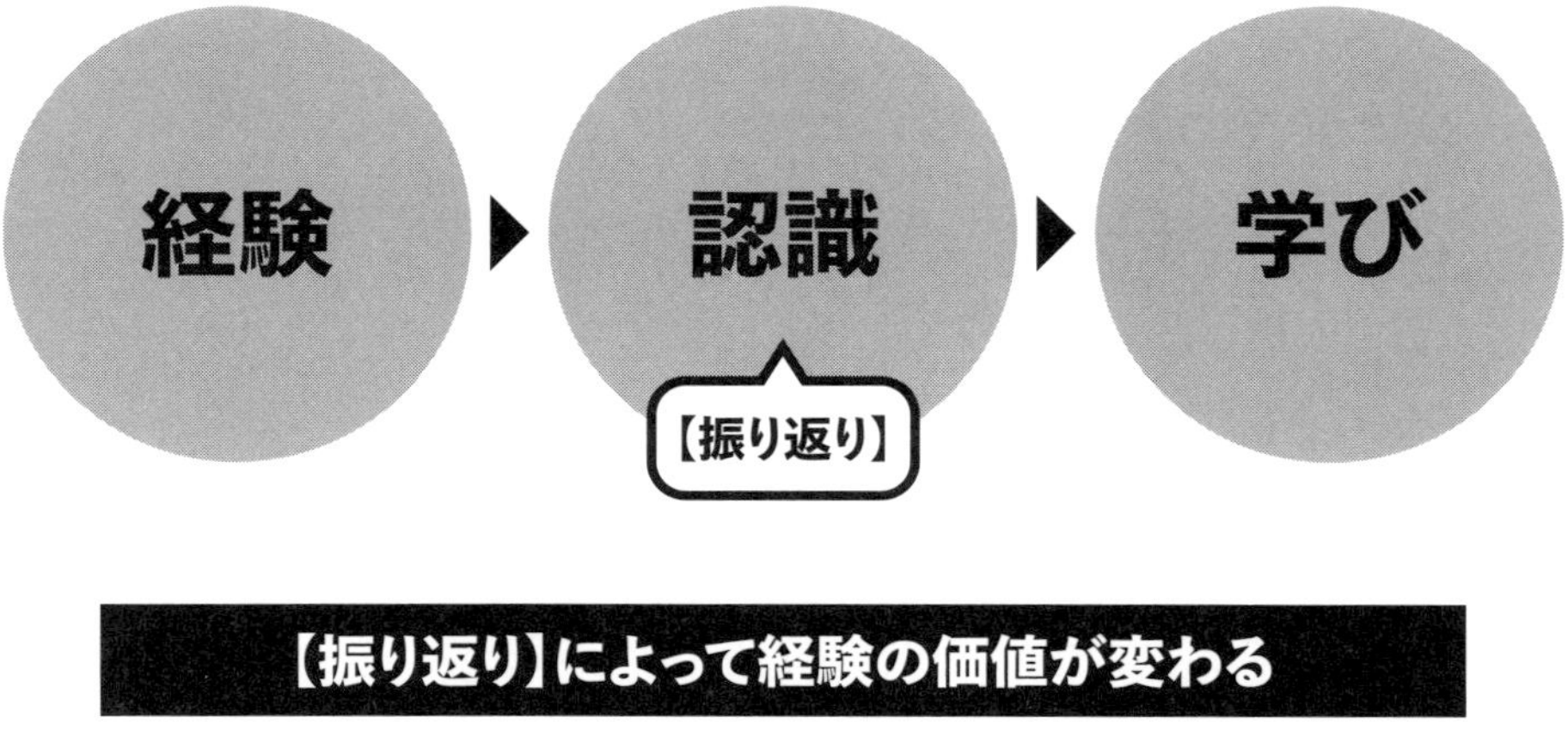

が、質としては十分ではありません。「経験学習サイクル」（『組織開発の探求 理論に学び、実戦に活かす』）でも書かれているとおり、経験したものを振り返ることによって人に学びが発生します。極端に言うと振り返らないと学べないとも言えます。

また、いまの自分、もしくはチームなどの状態を正しく認識できないと、質の高い【ゴール設定】を行うことができません。【ゴール設定】の適切な難易度になっているか、ワクワクするものになっているか、と関連しますが、ゴールを設定する最初のプロセスは「現状認識」です。正しく現状を把握することができるからこそ、【ゴール設定】の質が高まり結果的に行動の質が高まることによって、よりよく学び成長できるのです。

例えば、明日までに「一カ月後に体重を八〇キロにする」【ゴール設定】をしたとします。【ゴール設定】のパートで説明した基準に当てはめて考えると、「誰の」「何が」「いつまでに」「どのように」が非常に明確な【ゴール設定】になっているので、質の高いゴールと言えるでしょう。もしかしたら、いまの体重が八二キロであれば適切な【ゴール設定】と言えるかもしれません。逆に、いまの体重が一二〇キロだとしたらこのゴールは適切な目標と言えるでしょうか？　かなり非現実的で、道具として使うゴールとは言えないでしょう。

現在地があり目的地があるからこそ、その間に辿るべき道が明確になります（**図8**）。現在地を正しく把握してこそ、次の正しいアクションを決めることができます。現在地を知るためには、いままでの自分を振り返るほかありません。だからこそ**【振り返り】**を行います。そして、**【振り返り】**の質をいかに向上させることができるかがカギを握ります。

　では、どのようにして学びの質を上げていけばいいのでしょうか？　これも大きく言えば「振り返りのゴール設定」と「フレームワークを使う」のふたつのポイントがあります。まずは「振り返りのゴール設定」です。振り返るときに「はい、じゃあ振り返って」と言われても、何を振り返っていいか分からずただ起きたこと、やったことを振り返って終わり、という現象が起きます（もちろん、それが**【振り返り】**のゴールでもあるので一概にそれがダメとは言えませんが……）。しかし、それでは学びが薄く、**【振り返り】**の価値が低くなります。そうならないた

（図8）現在地とアクション

現在地によって
次のアクションが変わる
正しいアクションを取るためには
正しい現在地の把握が必要

めに、【ゴール設定】があります。やはり何をするにしても【ゴール設定】は念頭に置かれるべきものです。【ゴール設定】をすることで「何をこの振り返りによって得たいのか」を明確に意識し、【振り返り】を行うことができ、より深い学びへとつながります。

次は「フレームワークを使う」です。フレームを使う＝物事を分けて考える、ということです。【ゴール設定】と通ずる部分もありますが、分けることによって視点がより明確に定まり、より深く具体的に振り返ることができます。さらに、具体的に振り返ることであぶり出された要素を抽象化して次に生かしやすくなります。【振り返り】は、そのとき経験し得た学びを具体化することと次に生かす要素まで転用することをセットで考えます。

そういった意味で、現在では多くのスポーツの現場で使われている中竹氏が導入した「GOOD／BAD／NEXT」のフレームは非常に便利で、上質なものです。［GOOD］と［BAD］を深掘りすることによって学びを得られるわけではなく、［GOOD］と［BAD］両方を知ることで現状を把握し、［NEXT］で次のアクションを明確にすることができます（図9）。

ただし、留意点もあります。それは［BAD］＝［NEXT］ではないということ。［GOOD］と［BAD］両方を具体的に掘り下げ、自分やチームのゴールに対して必要だと思うことを［NEXT］に設定する必要があります。時には［BAD］が［NEXT］になることもあり、［GOOD］をさらに良くする［NEXT］になることもあります。さらには［GOOD］と［BA

D」両方に共通する要素を抽出したものを「NEXT」に設定するパターンもあります。要するに、同フレームは何を「NEXT」に設定するかを考えるフレームです。

「GOOD／BAD／NEXT」のフレーム以外にも【振り返り】のフレームにはさまざまなフレームが考えられます。例えば、「事実／解釈／感情」のフレームでも、「やってみたこと／わかったこと／チャレンジしたこと」のフレームでもかまいません。「振り返りのゴール設定」に合わせた切り口でフレームを設定し、分けて考えることでより深く考えることができるので、ぜひ【振り返り】の際には【ゴール設定】をし、そのゴールに合ったフレームを使用して振り返ってみてください。

さらにそこから「5W1H」とフレームを使っ

(図9)「GOOD/BAD/NEXT」

[GOOD] [BAD] [NEXT]

- **「反省」【振り返り】は[BAD]に目がいきがちになる**
- **正しく振り返るためにはできたことの確認も大切**
- **意識的に[GOOD]に目を向けてあげることがとても大切**

て振り返ったときに出てきた要素をより深掘りしていくと、**【振り返り】**から得られる学びの量も深さも変わります。**【ゴール設定】**をしてフレームを使って振り返ることだけではなく、それに対して問いを立て振り返ってください。問いを立て、それに答えることは負荷がかかりますが、やったほうがよりいい**【振り返り】**になります。

まとめると、そもそも人は**【振り返り】**からしか学べず、次の**【ゴール設定】**をするには正しい「現状認識」が必要です。**【振り返り】**を効果的に行うためには、「振り返りのゴール設定」「フレームワークを使う」のふたつのポイントを抑えて**【振り返り】**を行なってください。

＊＊＊

ここまで**【ゴール設定】**と**【振り返り】**のそれぞれのポイントについて分解して説明してきましたが、学びを考える上で最も大切なことは**【ゴール設定】**と**【振り返り】**がリンクしていることです。学びの場の構造としてこのふたつがリンクしていないと、せっかく**【ゴール設定】**をしそれに向かって行動することで学びを得ようとしていたのに、そもそも**【振り返り】**を行わず**【振り返り】**の切り口や観点が設定したゴールとリンクしていなければ、効果的に学びを得ることができなくなってしまいます。第二章「トレーニングの構造」でも説明しますが、学びの場の構造を考える上で「ゴール設定と振り返りがリンクしているか」は非常に重要なポイントです。

【学びの三大原則】

【学びの三大原則】については、これまで何回も名前を出している中竹氏から教わりました。自分なりの解釈では、この三大原則に沿った経験ができる環境を用意し、プレーヤーに提供すること、だと考えています。では、**【学びの三大原則】**とは何でしょうか？ **【学びの三大原則】**とは、

一　インプットよりアウトプット

二　成功体験より失敗体験

三　予習より復習

の三つです。

それぞれを解説する前に、大前提として「より」の前に来ているインプット、成功体験、予習に意味がないと言っているわけではありません。あくまで「より学べる」という観点なので、両方が適切に存在することがプレーヤーとチームが最も学べる環境になっているということです。

一　インプットよりアウトプット

これはイメージしやすい人も多いのではないでしょうか。成長する上でインプットするだけでは成長につながりません。もしインプットだけで成長できるのであれば、レクチャーやミーティングをしているだけでいいことになります。やはり、アウトプットしなければ最終的に学びは深まりません。

アウトプットといっても行動する、話す、書くなど、さまざまな方法があります。コーチとしてはそれらすべての方法を使って適切にプレーヤーのアウトプットを引き出すことが問われます。ミーティングでただコーチが話してプレーヤーが聞くだけでは効果は薄く、グラウンドに出る頃にはミーティングの内容を忘れてしまっていることは多々あります。トレーニング中でもコーチの話す時間が長すぎて実際にプレーする時間が短くなってしまっては、プレーヤーの学びを促すことができません。

さまざまなところで述べられているように、学習におけるインプットとアウトプットの比率は「七：三」だといわれています。その比率をきっちりと守ることが難しいときもありますが、基本的にはインプットよりもアウトプットの時間を長くする工夫をコーチはするべきでしょう。

二　成功体験より失敗体験

失敗を適切に経験することは人の学びに大きな影響を与えます。適切かどうかを考える上で「どれくらい」と「どのように」というふたつの観点から組み立てていきます。

まず、「どれくらい」失敗体験を経験させてあげればいいのでしょうか？　トレーニングで失敗体験ばかりになってしまうと、どのようなことが起きるのか。コーチであれば簡単に想像がつくのではないでしょうか？　プレーヤーは失敗しかしないトレーニングが続くと、トレーニング自体がつまらないと感じてしまい、モチベーションが低下します。学びと成長の観点からすると、失敗体験から何かを学ぶことはできるかもしれません。ただ、失敗体験から何かを学びそれを成功体験に結びつけていくことが成長につながるだけに、失敗体験ばかりだとプレーヤーは成長を実感しにくくなります。だからこそ学びと成長を考えたときに成功体験と失敗体験の割合のさじ加減が重要です。

では、どれくらいの割合で失敗体験を積ませることがいいのでしょうか？　いろいろな説がありますが、いつも伝えているのは「全体の四〇％の割合で失敗体験を積ませる」ことです。経験上、イメージ的に成功体験と失敗体験の割合が半分半分だと難易度が高すぎるように感じると思います。やはり成功体験はプレーヤーに自信や喜びをもたらす体験です。ただ、成功体験ばかりだと成功体験に慣れてしまい、せっかくの体験から得られる学びも少なくなり、こちらもモチベーションの低下につながります。だからこそ成功の割合を少し高めつつ、タスクやトレーニング設定の難易度をチャレンジングなものにするために、四〇％くらい失敗体験が積めるようにトレーニングを設定することが良い塩梅と言えるでしょう。

では、失敗体験を「どのように」つくっていけばいいのでしょうか？　あくまでプレーヤーに積んでもらいたいのは「適切な失敗体験」です。ここで言う「適切な」とはどういうことでしょうか？　それは「ゴールに紐づく失敗体験」です。コーチングはすべて**【ゴール設定】**に基づき、ゴールを道具として使ってトレーニングやコーチングをデザインしていく必要があります。

例えば、「パスのスピードを速くする」ことをゴールとしてトレーニングを組み立てたときに、そもそもパスとはまったく関係のない状況でのミスが多発してしまい、パスを投げる回数が極端に減ってしまってはトレーニングの意味がまったくありません。プレーヤーの学びと成長を考える上では「ゴールに即した失敗体験」を設計することがコーチには求められます。「どのように」失敗体験をデザインするかを考える上で重要なことは「ゴールを使う」ことです。その上で環境として失敗体験を設計するときに使えるものは何かを考えていきます。

プレーヤーがあるプレーを失敗するとき、どのような要因で失敗することが多いでしょうか？　心理的プレッシャー、天候要因、疲労、相手との力関係、時間、スペース……考えればキリがないかもしれませんが、このようにミスが起こる要因を構造化して考えてみると失敗体験を設計するときにどのような要素を使っていけばいいかがおのずと見えてきます。一般的に伝えている要素としては「環境、時間、スペース、ルール、メンタル、フィジカル」です。

例えば、ラグビーでよくあるパターンとしてはボールをあえて濡らしたり、一人がボールを持てる時間を制限したり、グラウンドやコート全体のスペースを広くしたり狭くしたり、相手との間合いを詰めたり、ルールで攻撃権を制限したり、爆音を流して声を聞こえにくくしたり、種目間にランニングを入れて息を上げた状態をつくったりと、通常とは違う環境にして適切に失敗体験を積めるように「環境設定」をします。この失敗体験のデザインがコーチとして一番難しいもので、その分やりがいのある作業だと感じています。

ただし、気をつけなければいけないことは、同じ失敗を繰り返させることではなく、たくさんの種類の失敗を経験させることです。ただ、たくさんの種類といっても意味のない失敗体験をさせる必要はありません。**【ゴール設定】**に対してたくさんの種類の適切な失敗体験を体験してもらうことが必要です。

三　予習より復習

これは**【振り返り】**のパートで説明したものとほぼ同じです。忘れてしまった場合は改めて**【振り返り】**のパートを読み返してみてください。ここで改めて伝えたいのは「体験を振り返ることで初めて学びを得ることができる」ということです。**【振り返り】**のパートで伝えたとおり、**【振り返り】**によって「体験の価値」は変わってしまいます。だからこそトレーニングでも細かくプレーヤーに対して**【振り返り】**の機会を設けます。トレーニング中にフィードバックだけを与えてトレーニングの終わりにまとめて**【振り返り】**の機会をつくるよりも、トレーニング中に振り返ることができる機会を設けることがプレーヤーの学びを引き出し、トレーニングにおける体験の価値を高めることができます。

しかし、より多くの質の高い学びを得るために予習がいらないというわけではありません。予習を行うことで本番のパフォーマンスは高くなります。例えば、学校のテストをぶっつけ本番で臨むより、予習したほうが点数が上がる可能性が高くなることは言うまでもないでしょう（それも一夜漬けではなく計画的に行ったほうが）。

体験を振り返ることで初めて学びを得ることができるので、**【振り返り】**の質にもこだわりたいところです。**【振り返り】**の質は**【振り返り】**のパートでも述べたポイントを押さえることで高めていくことはできますが、それよりももっと大事なことは「体験の質」です。体験の質を高めるためには予習が必須です。予習をして質の高い体験を積み、その体験を振り返ることで学びを得て体験の価値を高める。学びを重ねていく上ではこのサイクルをつくり上げることが重要です。

＊＊＊

ここまで中竹氏が提唱している**【学びの三大原則】**について、自分なりの解釈を入れて説明しました。学びの原則を押さえた体験を積んでいくことこそが、プレーヤーの学びを深め成長へとつなげることができるひとつの要因です。実際にこれまでサポートしてきたコーチを見てきてもそのことは強く実感します。プレーヤーに対してどのような環境を提供しているのか。また、コーチ自身が成長するという観点で見たときに自分自身に対してどのような環境をつくっているのかを分析すると、やはり「インプットよりもアウトプット」「成功体験より失敗体験」「予習より復習」を実践しているコーチがほとんどです。

例えば、短期間でチームをつくり上げていかなければならないユース世代のコーチングの現場で、毎回のトレーニングでしっかりと**【ゴール設定】**し、夜のミーティングで**【振り返り】**の環境をつくることで主体的に学びを得ながら短期間で成長したチームを目の当たりにしてきました。当然、そのトレーニングには適切な失敗体験が程よく散りばめられるように設計され、プレーヤー自身が考えなどをアウトプットしながら振り返る環境がありました。

あるプロ野球のコーチの例で言えば、私が実施するセミナーや他競技のチームの研修機会などで得たインプットを実際の現場で試してみて、うまくいったこと、うまくいかなかったことを復習しながらやり続けたことで、特にゲーム分析の視点とプレーヤー育成のプランニングという点において一年間で大きな変化が見られました。

このように、学びと成長を構造的に理解していると、チームをより効率的・効果的に学ばせることと成長へ導くことができるようになります。

コーチの役割

では、これまで述べてきたようなプレーヤーの学びと成長を考えたときに、コーチはどのような役割を果たしていくべきでしょうか？　本パートではコーチの役割について深掘りしていきたいと思います。

コーチを本業とする方々には釈迦に説法のようではありますが、コーチの役割を説明する上でまずはコーチという言葉の語源から確認しましょう。コーチの語源はハンガリーの地名「コチ(Kocs)」の「馬車」だといわれています。馬車は「人を目的地に運ぶ」ことが役割で、そこから派生してコーチは「プレーヤーを目的地へ導く」という意味で今日ではスポーツやビジネスなどさまざまな分野で使われるようになりました。つまり、コーチは「教える人」ではなく「導く人」なのです。

スポーツの世界では時に「コーチ＝教える人」と捉えられてしまうことがあります。教えることは導くためのひとつの手段として存在はしますが、コーチはあくまで教えるという手段を実行する人ではなく、プレーヤーとチームを目的地に導く役割をもつ人であることを認識しておかなければなりません。

その上で、コーチが果たすべき機能は［観察］→［評価］→［支援］です（図10）。コーチはプレーヤーとチームの成長へ向けたゴールを設定し、現状とゴールの比較からゴールを達成する

（図10）**コーチの役割**

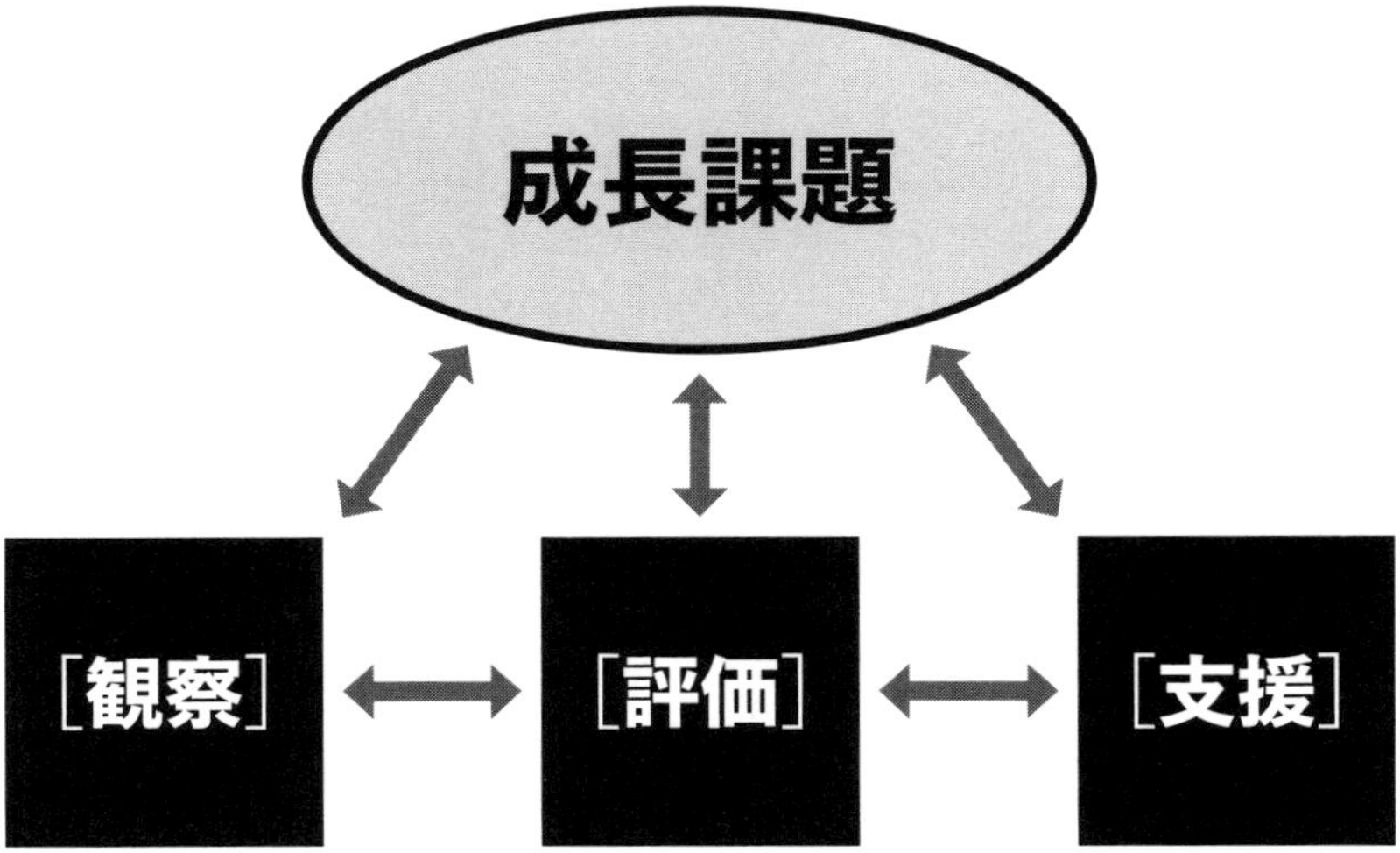

ための課題を設定します。コーチはプレーヤー個々の状況とチームの状況を適切に［観察］し、その［観察］をもとに現状を［評価］した上で、適切な［支援］をプレーヤーとチームに対して行います。では、どのように［観察］し［評価］し［支援］していくのかについてそれぞれ解説していきましょう。

［観察］

［観察］する際に大切なポイントは目線です。どこを見るかによって何が見えるかは変わってきます。例えば、晴れの日に上を見れば空が見え、下を見れば地面が見えます。ボールゲームの場合、ボールを追いかければボール周辺のプレーが見え、ボール以外のポイントを見ればそのポイントがよく見えます。当たり前とはいえ、人の見える範囲には限界があります。すべてを細かく見ようとしても無理があります。だからこそコーチは同じ試合を「今回はオフェンスを見よう」「今回はディフェンスを見よう」「今回は相手のトランジションを見よう」と、見るポイントを変えて二回、三回と見直します。

このように、［観察］する際には何を［観察］するのか目線を決めます。それは「観察する技術的なポイント」かもしれないし、「観察する場所」かもしれません。もしくは「このポイントを見たいのでこの場所から観察する」ということかもしれません。いずれにせよ目線を決めないと、そのときに目に入ったものすべてが気になってしまい、トレーニングのゴールがブレてしまったり、逆に、何を見たらいいのか分からずただただボーッと［観察］してしまうことになり、結果的に場当たり的なコーチングになってしまいます（ボーッと見ると決めているのであれば問題ないのですが……）。

熟練者は初心者と比較して初心者が気づかないポイントに気づくことができるといわれています。ただ反対にデメリットもあります。それは、目に入ったものすべてが気になるということとリンクします。いろいろなものが見え情報を処理することができてしまうことで、現状とマッチしないコーチングをしてしまう可能性が出てきてしまうからです。目線を決めるということは「見ることを決める」ことであると同時に「見ないことを決める」作業でもあります。見ないことを決めると、見るべきポイントをより深く［観察］することができるようになり、適切な［評価］と適切な［支援］につなげることができます。

目線を決めることは、**【ゴール設定】**と深くリンクします。トレーニングの**【ゴール設定】**を高い質で行うことによって［観察］する際の目線を定めやすくなるので、ここでもやはり**【ゴール設定】**がポイントになってきます。

私がサポートしていたチームのあるバッティングコーチは毎回のバッティングトレーニングで

いつも同じ場所からトレーニングを［観察］していました。あるとき、「なぜいつも同じ場所から観察しているんですか？」と聞いたところ、「同じ場所から見るから違いが分かるんだよ。同じ景色から見ることで情報が溜まって、何かがずれたときにそのずれに気づくことができるんだ」と言っていました。コーチが複数人いることで役割分担をできる環境があるからこそ可能なことなのかもしれませんが、まさに「その目線で観察する目的」を明確にもっていて、同じ目線から見るからこそできる［評価］をし、必要に応じて［支援］していたのでしょう。

このように、どこから見るかによって得られる情報が変わり、得られる情報によって［評価］も変わるので、どのような目線で［観察］するか、つまりトレーニングの【ゴール設定】とともに、［観察］における【ゴール設定】がカギになります。

［評価］

［評価］する際に大切なポイントは、「評価基準の設定」をすることと「評価基準に沿ってドライに評価」をすることのふたつです。適切に［評価］するためには、明確な評価基準が必要です。明確な、というのは「人や状況によって解釈の差が生まれない」ことです。では、どのようにその評価基準をつくればいいのでしょうか？

まずは【ゴール設定】です。それも質の高い【ゴール設定】です。その日のトレーニングで出したい成果を明確にしなければ評価基準をつくることができません。

例えば、「今日はパスのトレーニングを行う」という【ゴール設定】だと、評価基準が非常につくりにくいものになります。「パスのトレーニングを行う」ゴールだと、トレーニングにおける「パスを投げたかどうか」の基準が「ただ単純にパスを投げればいいのか」、それとも「どのようにパスを投げるか」「どんなスピードで投げるのか」など、基準がプレーヤーによって変わる可能性があり、そもそも基準がなければ〔評価〕もできません。「パスのトレーニングを行う」ゴールを「パスを相手の胸元に投げられるようになる」【ゴール設定】にすると、それだけで基準が明確になり、トレーニング中に起こったプレーの良し悪しを誰もが明確に〔評価〕できるようになります。

コーチとして〔評価〕しなければいけないのは結果だけではありません。結果が出るまでの過程も〔評価〕する必要があります。過程を適切に〔評価〕できなければ、適切な〔支援〕ができなくなる可能性があります。過程を適切に〔評価〕するための評価基準を設定することもコーチの役割です。過程を〔評価〕するための評価基準のつくり方は「ゴールを分解する」ことです。

例えば、「パスを相手の胸元に正確に投げられるようになる」ゴールを分解するとどうなるでしょうか？「相手を見る」「ボールをしっかり握る」「スナップを利かせる」「投げる先に向けてフォロースルーする」。これがすべてではないにせよ、これらのようなことが考えられます。

このように、ゴールを分解して考えると、そこに至るまでの過程を可視化することができ、**「評価」**できるようになります。

ゴールを分解するためのヒントは「これ以上ないくらいまで分解する」ことです。現在は南葛SC（関東サッカーリーグ一部）で監督を務めるサッカー指導者の風間八宏氏も「技術をこれ以上砕けないくらい言語化する」と言っていますが、まさにそのとおりです。コーチとして競技そのものや技術、自分が設定したトレーニングのゴールをこれ以上ないくらい分解して基準をつくること、評価基準づくりを妥協しないことがコーチには求められます。

実際、私はコーチディベロップメントの現場において、**【ゴール設定】**をした後の基準づくりに相当こだわります。基準がないと同じトレーニングをやっていても、コーチごとのコーチングが変わってしまい、プレーヤーが混乱してしまうからです。特に複数人でコーチングをする環境の場合や、プレーヤー同士でコーチングをする環境をつくりたい場合は、いかにこの基準づくりを妥協せず、これ以上ないくらいまで分解し明確にしなくてはいけません。

さらに、妥協せずに作成した評価基準をもとに、その基準に対して「ドライに評価できるか」も肝心です。せっかく素晴らしい評価基準をつくったとしても、実際にその基準を運用しなければ意味がありません。また、その基準が「プレーヤーＡに対しては厳しく適用するけれど、プレーヤーBには基準を下げる」というようにプレーヤーや状況によってブレてしまうことがあると、それもまたチーム全体としての学びと成長を適切に［支援］できなくなってしまいます。だからこそつくった基準に対して、ドライに基準を当てはめて［評価］していくことが［評価］する上では大事な作業になります。

［支援］

コーチとしてプレーヤーを［観察］し［評価］するだけでは不十分です。［観察］と［評価］のステップは欠かせないものですが、それだけで終わってしまうとそれはただ診断しただけになってしまいます。コーチの役割は「プレーヤーを目的地へ導く」ことです。もちろん、自力で目的地に到達することができるプレーヤーもいます。ただ、多くの場合はコーチの［支援］があって初めて目的地に到達することができます。では、何をどのように［支援］していけばいいのでしょうか？

目的地に向かう過程の中でプレーヤーが学びを得て成長していくことを、「コーチング手法」を用い「環境設定」を行うことによって［支援］していきます。コーチの［支援］が適切かどうかでプレーヤーの学びと成長、そして目的地に導けるかが大きく変わってしまいます。

ただ、「〇〇のように支援したら△△のように変化する」未来は誰にも分かりません。それゆえ、多くのコーチは自分の過去の経験とそれまで学んできたことから「このプレーヤーに対してこの状況であればこのように支援していけばいいのではないか」と支援策を判断し、決断し、実行に移します。過去の経験と学んできたことは貴重な財産です。しかし、それがすべてに当てはまるとは限りません。世の中の状況は常に変化していて、自分以外はすべて他人であり、自分が得てきた経験がそのまま目の前にいるプレーヤーに当てはまるとは限らないのです。

だからこそ最適な［支援］を行う上でカギになってくるのが【ゴール設定】と［観察］と［評価］です。ゴールに対して適切に［観察］し、［評価］をしたものに対して、過去の自分の経験と知識、そして未来を想像した上で支援策を考え実行することで最適な［支援］の確率を上げていきます。なおかつ大きなポイントとして、「支援を行った理由」を明確に答えることができるどうかが挙げられます。「〇〇だから△△になる」と、その答えが合っているかどうかは関係なく（そもそも正解なんて誰にも分かりません）、誰が相手でも明確に説明できる状態で［支援］したかどうかが、コーチとしてプレーヤーに対して果たすべき責任になります。

＊＊＊

ここまでコーチとしての役割として［観察］→［評価］→［支援］があり、それぞれについて説明してきました。繰り返すように、何をするにしても忘れてはならない観点は「目的地に向かう」ことです。ただ目の前で起こっていることだけを［観察］して［評価］して［支援］しても効果はありません。これも何度も言うように、コーチの最大の役割はあくまで「プレーヤーを目的地へ導く」ことです。目的地を見失うとどこに導いていけばいいか分からなくなり、ただ目の前で起きている状況に対処するいわば「応急処置の繰り返し」に追われてしまうことになります。現状を［評価］するにしても、目的地に辿り着くために必要なことや求められることを構造化して考え、それをもとに評価基準をつくり、それに則って適切に［評価］していかなければなりません。

ここで押さえておくべきポイントは、「問題」と「課題」です。では、問題と課題の違いとは何でしょうか？

問題とは、「理想と現実のギャップ」で、課題とは、「問題を解決する上で取り組まなければならない点」です（図11）。つまり、問題がなければ課題は発生しないことを理解しておくことと、コーチは「問題を発見する」のではなく「問題を発生させる」ことが役割であることを押さえておかなければいけません。「問題を発見するのではなく、発生させる」と聞いて違和感をもった読者は少なからずいるでしょう。しかし、これは物事の本質です。なぜかというと「問題は理想がなければ発生しない」からです。

例えば、同じフォームでシュートやパスを行っていたとして、もしもそのフォームが理想型であればそこに問題は発生しません。しかし、別の理想型があり、そのフォームと現状のフォームを比較したときにギャップがあれば問題となります。つまり、コーチは理想型を明確にもてていないと問題を発生させることができず、適切に［**評価**］することもできず、課題を設定することができません。さらに、課題を設定することができなければ、適切な［**支援**］をすることもできません。適切に［**観察**］と［**評価**］をするためには、「問題発生能力」をコーチがどれだけもっているかが問われます。

［**支援**］するといっても、それは単に「支える」「見守る」ということではありません。目的地に辿り着くために、引っ張っていかなければいけないときは引っ張っていき、叱咤激励しなければばいけないときは叱咤激励をします。コーチの

(図11)「問題」と「課題」

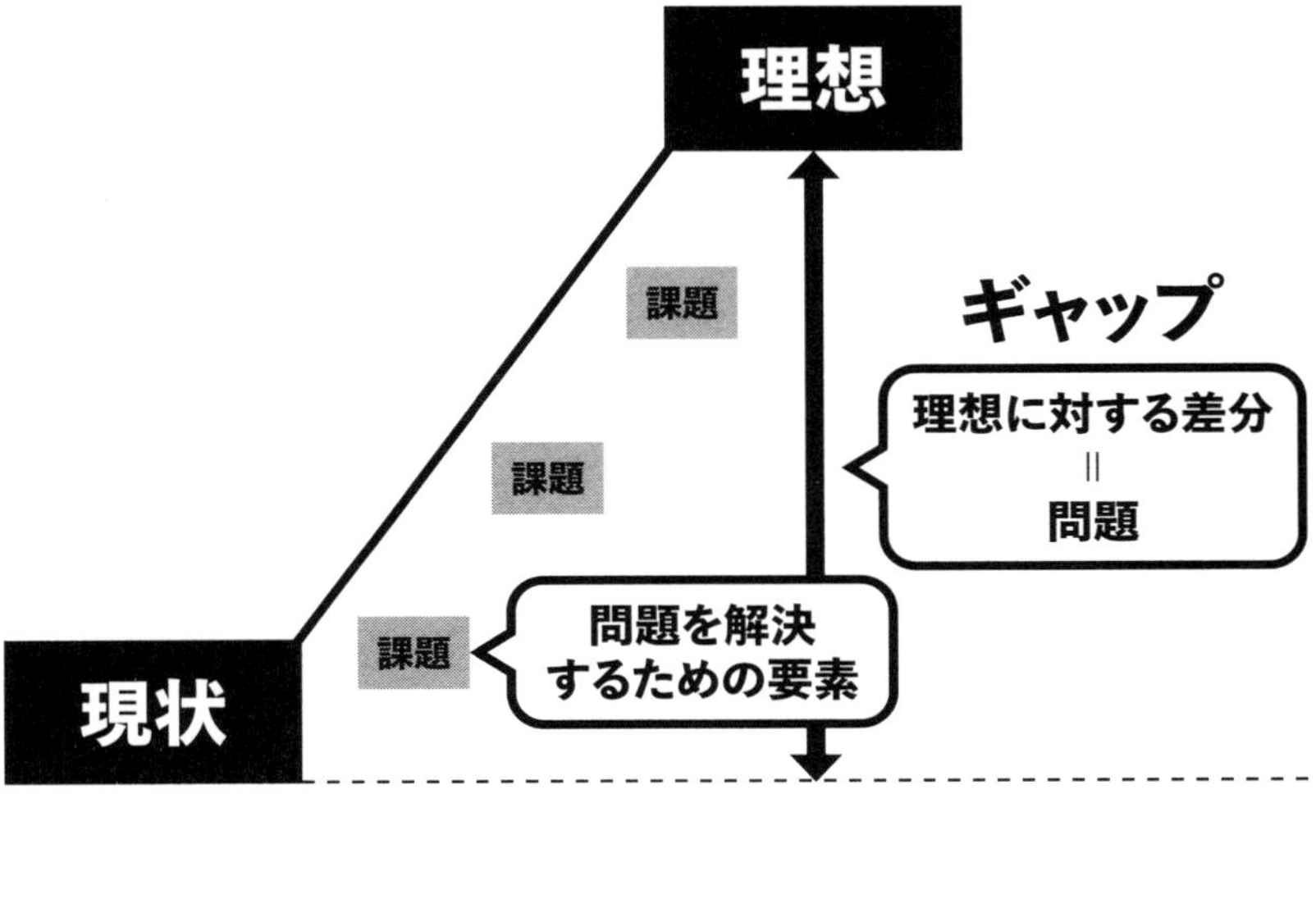

役割はあくまで「プレーヤーを目的地へ導く」ことであり、そのために最適な【支援】を行うために目の前で起きていることに対して【観察】し【評価】していかなければならないのです。

コーチングの手法

では、コーチはどのようにしてプレーヤーの学びを深め、目的地まで導いていくのでしょうか？スポーツコーチングの世界では「ＰＵＳＨ型」と「ＰＵＬＬ型」のふたつのコーチングの型があります。ＰＵＳＨ型はコーチからプレーヤーに能動的にアプローチするコーチングで、コーチ主体のコーチングです。一方のＰＵＬＬ型はプレーヤーから引き出すコーチングで、コーチは質問などを用いてプレーヤーが主体となるコーチングです。

現在、日本スポーツ協会や日本バスケットボール協会、日本ラグビーフットボール協会のライセンス講習会などでは、【ＴＥＬＬ（伝える）】【ＳＥＬＬ（売り込む）】【ＡＳＫ（問いかける）】【ＤＥＬＥＧＡＴＥ（委ねる）】の四つの手法が紹介されています（図12）。

ビジネスコーチングの世界では「ティーチング」と「コーチング」に分類されていますが、「はじめに」にも記したように、私はその分類に違和感をもっています。なぜなら、前記した四つの手法の中に「伝える」ことも「問いかける」ことも含まれているからです。コーチの役割である「プレーヤーを目的地へ導く」ために、「TELL」「SELL」「ASK」「DELEGATE」それぞれの手法を適切に使い分けていくことは、大変有意義なものです。では、四つの手法についてそれぞれ解説していきます。

「TELL（伝える）」

「伝える」はコーチが最も使用する手法です。皆さんがコーチングしている場面を振り返ってもらうと、自分から相手に何かを伝えている割合がおそらく多いのではないでしょうか？　「伝える」といってもさまざまな手法があります。しゃべる、見せる、書く……。さらに、見せると

（図12）コーチングの4つの手法

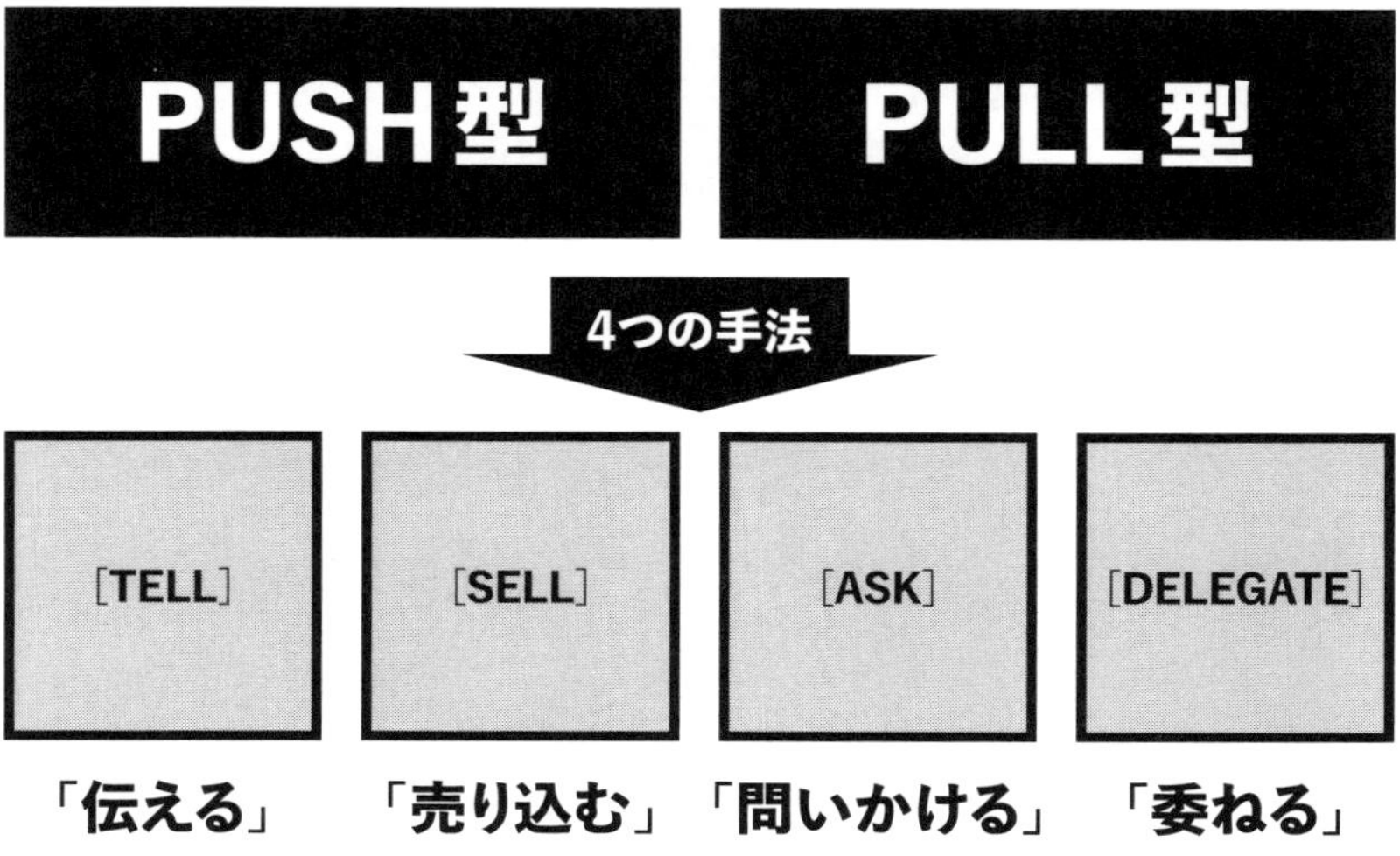

いっても写真を見せたり動画を見せたりすることもあれば、実際に自分自身もしくはプレーヤーに動いてもらってデモンストレーションを通して見せるということもあります。

どんな伝え方にせよ、「伝える」ときに気をつけなければいけないことがいくつかあります。ひとつ目は「解釈の差が生まれないようにする」こと。言葉にしても映像にしても曖昧な表現や何となく耳障りのいい表現を使うと、プレーヤーによって解釈のずれが起こり、結果的にうまく伝わらないといった現象が起きます。特に言葉を用いて何かを「伝える」ときは注意が必要です。

例えば、『山』を書いてください」と問いかけたとします。そこで何が起きるかと言えば、皆それぞれ違う山の絵を描いたり、山という漢字を書く人も出てきます。

このような場面はスポーツの現場でもよく起きています。「いいパスをしよう」「もっと速く動こう」といった伝え方をよく耳にします。確かに、この伝え方でもプレーヤーには何となく伝わります。しかし、何となくの域は脱せず、正確には伝わってはいません。

そもそも言葉というものは単なる記号であり、その記号に込められた意味はその人のそれまでの経験とその人自身がもつ価値観によって変わります。ビジネスの世界でよく使われる「ビッグワード」と呼ばれるような「いい」や「もっと速く」といった言葉は、人によって解釈が変わってしまう可能性があります。

例えば、「相手が手を出しているところにパスを投げよう」「ひとつ前のプレーより一秒速く動こう」と、プレーヤーによって解釈の差が生まれない表現で「伝える」か、「いいパスとは○○のようなパスのこと」「もっと速くとは△△のような状態のこと」と、言葉の定義を明確にし共有しておく必要があります。

私はコーチによく「『いい』や『もっと』のような『使いやすくていい言葉』は『質が低い言葉』であることを認識しておきましょう」と伝えています。【TELL】の手法を使ってコーチングする際は、「いい」「もっと」「しっかり」「丁寧に」のような解釈のブレが生まれる可能性がある言葉のブレを削ぎ落とし、磨き上げて光り輝くダイヤモンドのように質の高い言葉にして伝えていかなければなりません。

ふたつ目は「グラウンド上におけるデモンストレーションなどで何かを伝えるときに気をつける」こと。それは「ＧＯＯＤとＢＡＤの両方を伝える」ことです。なぜ両方を「伝える」ことが大切なのでしょうか？　答えは両方を「伝える」ことによって比較対象ができ、その結果【GOOD】と【BAD】の差が分かり、それによって伝えたいポイントがよりクリアに伝わり、理解できるようになるからです。

多くの場合、【GOOD】もしくは【BAD】のどちらかへのアプローチで終わっています。それだと「伝えたいことがなぜ大切なのか」プレーヤーが理解できない場合があります。逆に、両方を「伝える」とそれぞれの差を見ることができ、どこがポイントなのか、そしてなぜそのポイントが大切なのか、プレーヤーがより理解できるようになるので、コーチが伝えたいポイントをより正確に深く「伝える」ことができます。

［TELL］の手法を使うときのポイントは、「解釈の差が生まれない表現を使う」「GOOD／BAD両方を見せる」の二点です。

［SELL（売り込む）］

［SELL］とは「売り込む」という手法です。プレーヤー自身の考えは尊重しながらも、コーチの考えを受け入れてもらえるようにアプローチする手法です。

プレーヤーの考えは貴重なものです。実際にプレーしているのはプレーヤーであり、プレーしている感覚はプレーヤーにしか分かりません。ただし、プレーヤーの意見を引き出し、尊重することはコーチにとって大切な素養ではありますが、必ずしもそれが最適解であるとは限りません。プレーしているとどうしても視野は狭くなり、見える範囲が狭くなるからです。

その点、コーチはプレーしていないので、全体を俯瞰的に見れる環境にあります。その立場から感じるアイデアもプレーヤーの意見と同じくらい貴重な意見です。「プレーヤーを目的地へ導く」役割を果たす上で適切な［支援］を行う必要があり、その適切な［支援］が「コーチの意見」

だと判断した場合、コーチの意見を［SELL］します。その際に気をつけなければならないことは二点あります。

ひとつ目は「プレーヤーの意見を尊重する」こと。いくら自分の意見を売り込みたいからといって「意見の押し売り」のようなかたちになってしまってはいけません。

例えば、モノを購入する際、店員のオススメ商品を押し売りされると購買意欲が減退する場合もあります。それと同じようなことが起きないようにしなければいけません。では、どのようにすればいいでしょうか？　それは「相手の意見を一旦受け入れる」ことです。プレーヤーの意見を聞き「そういう考えもある」「すごくいいアイデアだ」と、プレーヤーの意見を一旦受け止めてあげることで、結果的にコーチのアイデアを提案する際に「押し売りされている」感覚が薄れます。あくまでコーチ自身の考え方を提案するスタンスで、［SELL］の手法を使いましょう。

ふたつ目は「伝え方」。コーチ自身のアイデアを「伝える」という上で伝わることが重要です。では、「伝わる伝え方」とはどんな伝え方でしょう？

世の中には幾多のプレゼンテーションスキルが溢れています。その中で着目すべきは「結論から伝える」「Whyを伝える」です。そもそもスポーツの現場では「ショート&シャープ」で物事を伝えていきます。試合やトレーニングは目まぐるしいスピードで流れていき、プレーヤーも息が上がっている状態です。人はそもそも長時間集中して話を聞くことができない動物なので、「伝える」上では端的に「結論から伝える」ことが有効です。

ただ、コーチの意見を伝えたからといって、そのまま伝わるとは限りません。「伝える」ためには「Whyを伝える」必要があります。人の行動における意思決定には感情が大きく影響します。その感情を動かすためには「Whyを伝える」ことが有効です。これは『WHYから始めよ！インスパイア型リーダーはここが違う』（日本経済新聞出版、二〇一二年）の著者サイモン・シネック氏が提唱している「ゴールデンサークル理論」でも語られています。

いずれにせよ、［SELL］の手法はあくまで「売り込む」ことであり、最終的な意思決定はプレーヤーに委ねられます。「プレーヤーの意見を尊重する」「伝え方」に加え、コーチは「最終意思決定者はプレーヤー」という前提をもっておく必要があります。

［ASK（問いかける）］

［ASK］は「問いかける」という手法です。現代のスポーツコーチングでは、この「問いかける」手法はなくてはならないものです。コーチとして「プレーヤーを目的地へ導く」役割を果たす上で、「プレーヤーとSame pageを見れている状態でいる」ことはマストの条件です。コーチは［観察］→［評価］→［支援］を行います。しかも適切に行わなければいけません。

例えば、病院に行ったとき、医者は自分の目だけで患者を［観察］し、［評価］して［支援］しているわけではありません。体温を測るなど客観的な指標を用い、患者に病状や現況などを確認して診断し、薬を処方するなり、入院してもらうなりの支援策を決定します。

コーチが行うことはこれと同じです。プレーヤーが現状に対してどう考えているのか、逆にコーチの目からどう見えているのかをどれくらい理解しているのかは、プレーヤーにしか分かりません。もし、百発百中で見抜けるプレーヤーもしくはコーチがいたとしたら、それは超能力者でしょう。そう考えると、コーチは質問を用いなければ、適切に［観察］↓［評価］↓［支援］は行えません。だからこそ［ＡＳＫ］を高い質で使えるかどうかは、コーチにとって必要な能力のひとつです。

また、スポーツの現場では目の前で目まぐるしく変化する状況に対して、プレーヤー自身が短時間で状況を認知し判断し決断して実行しなければなりません。それをスムーズに遂行できるようにするためには、短時間で状況を認知し判断し決断する要素のあるトレーニングを課す必要があります。認知能力を鍛えるためには、ただ与えられたことを実行するのではなく、自分で考え責任をもって決断する経験を積ませるようなトレーニングが求められます。つまり、コーチがプレーヤーに問いを投げかけ、自ら決断する機会を設けるのです。

さらに、人の記憶の構造を考えれば、自分の言葉で発言し、考えることで自分の頭の中により記憶が刻まれやすくなり、長期的なパフォーマンスの向上にも役立ちます。このように、［ＡＳＫ］という手法は、人の学びと成長に計り知れないメリットをもたらします。

その他の手法と同様に［ＡＳＫ］を賢く使うためにはいくつかのポイントがあります。ひとつ目が「質問の種類と構造を理解する」こと。人の学びを引き出すためには思考や視点を上下左右に揺さぶることが重要で、その揺さぶりは質問によってつくりだすことができます。

現在、質問は大きく「クローズドクエスチョン」と「オープンクエスチョン」の二種類に分類されています。「クローズドクエスチョン」とは、いわゆる「YES or NO」で答えられる質問で、「オープンクエスチョン」とは、「5W1H」を用いて相手の考えを広げたり話のきっかけをつくるような質問です。そのふたつに加えて「オプショナルクエスチョン」と「リターンクエスチョン」という質問があります（図13）。質問による揺さぶりをつくるためには、選択肢を提示し（オプショナル）、話を何回も切り返す（リターン）場合があります。中でもいい切り返し（リターン）ができるかは肝になります。

さて、皆さんも自分のことを振り返ってみてください。相手と話をしている際、相手のことをもっと知ろうとしたり、考えをふまえようと思ったときに一番使う言葉は何でしょう？　話をリターンするときに一番使う質問は「なぜ」です。ただ、単純に「なぜ」をぶつけていけばいいというわけではありません。「なぜ」は思考を深める質問であり、かつ答えの範囲が広い質問です。

もちろん、「なぜ」が必要なときもあります。「なぜ」を問いかけることでより考えが明確になったり、新たな視点と出会えることもあります。ただし、それはあくまで深めるための質問です。つまり、深めるだけでは不十分なのです。自分の考えや現象に対する理由を明確にするだけではなく、それらを抽象化することも必要です。

それがいわゆる「思考を上げる」ということです。思考を上げるためには、「つまりどういうこと？」「結局、何が言いたいの？」「まとめるとどうなるの？」といった質問を投げる必要があります。この作業をすることで、深めた思考を次の機会に転用するためのエッセンスを抽出することができるようになり、狭くなりやすくなる視点を広げて俯瞰的にその現象を考えることができるようにもなります。このような、い

（図13）4つのクエスチョン

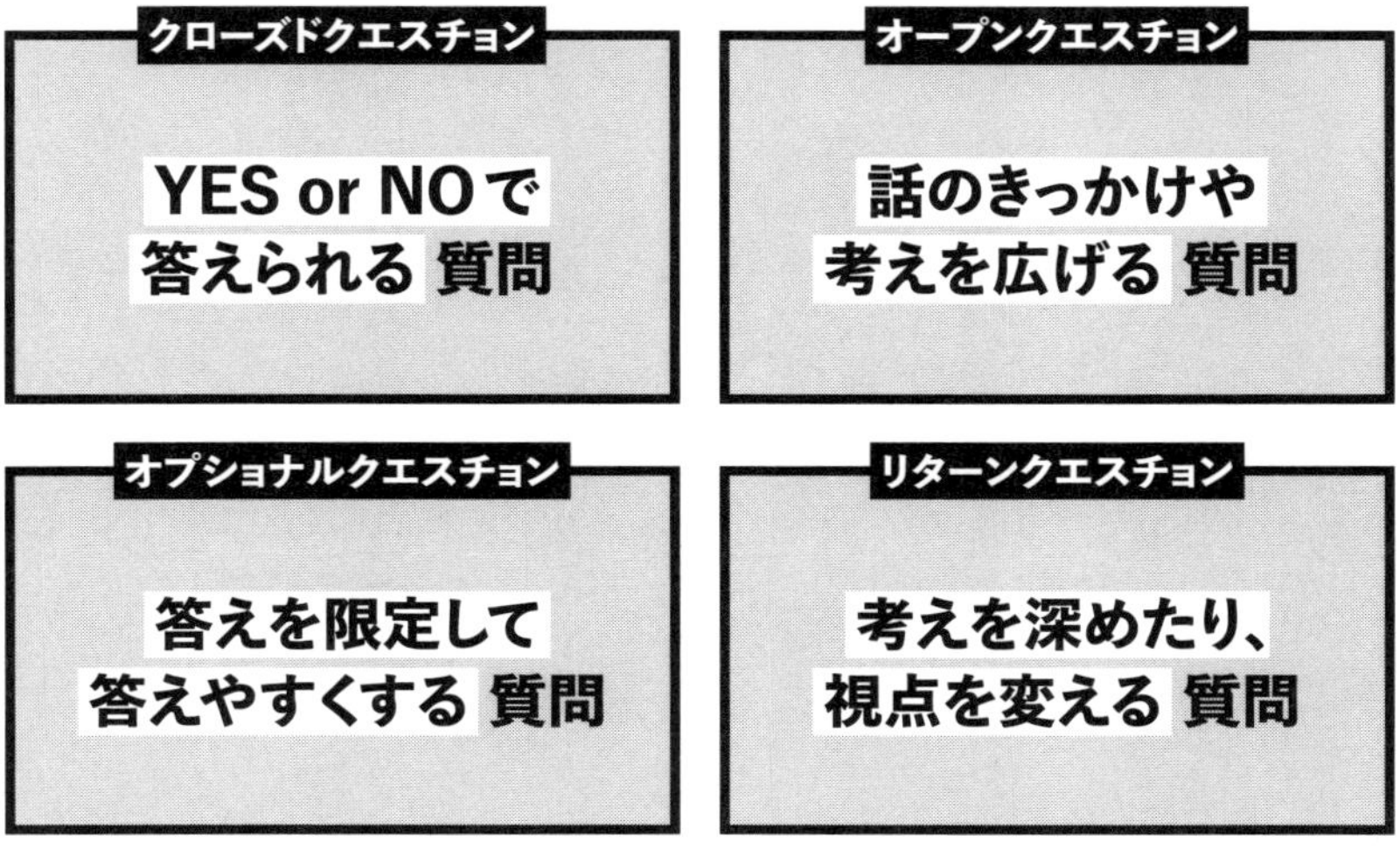

クローズドクエスチョン	オープンクエスチョン
YES or NOで **答えられる** 質問	**話のきっかけや** **考えを広げる** 質問

オプショナルクエスチョン	リターンクエスチョン
答えを限定して **答えやすくする** 質問	**考えを深めたり、** **視点を変える** 質問

わゆる「具体と抽象の行き来」も、学びを深める上では重要な役割を果たします。それだけに「リターンクエスチョン」を用いるときは一方通行にならないように心がけてください。

また、例えば、「攻撃がうまくいった理由を守備側の視点から見るとどうか?」「相手チームのコーチからはどう見えているか?」など、思考の幅を広げるような質問を投げかけることも学びを得る上では重要です。視点や思考の幅を広げることで見える世界が広がり、それによって物事の捉え方が豊かになり結果的にプレーヤーの学びを深めることになるからです。このように、ある現象に対して話のきっかけをつくった上で「リターンクエスチョン」を用いて思考や視点を上下左右に揺さぶることができる」ことを理解しておくだけで【ASK】を上手に使いこなせるようになります。

ふたつ目は「答えやすい質問をする」こと。「答えやすい質問」とは「やさしい質問」と同義ではありません。目まぐるしいスピードで物事が流れているスポーツの現場で思考を巡らせ、学びを深めていくためには、いかに速く深くクリティカルに考えてもらえるような質問を出せるかどうかが問われます。「答えやすい質問」をするためには、「オープンクエスチョン」の「5W1H」の「Why(なぜ)」を他のものに置き換えて質問します(図14)。

多くのコーチは咄嗟に質問を投げかける際、「なぜ?」や「どう?」といった抽象度の高い言葉を使う傾向にあります。抽象的な言葉ではプレーヤーとして思考を巡らせる範囲が広くなってしまい、すぐに答えが出てこなかったり、突拍子のない答えが返ってきたりします。もちろん、それがすべてダメなわけではありませんが、目まぐるしい速度で流れているスポーツの現場において考える時間が長くなると、結局何を考えたのか、何を得ることができたのかが分からなくなる場合があり、トレーニングのテンポが悪くなります。結局、時間をかけることができずコーチから答えを押しつけるかたちになることもあります。そもそもコーチの役割はプレーヤーにより良い学びを提供し、目的地へ導くことなので、より良い質問をする必要があります。

では、どのようにすればいいのでしょうか？「なぜ？」や「どう？」を他のものに置き換えることが答えです。「Who（誰）」「When（いつ）」「Where（どこ）」に置き換えれば、「なぜそのプ

(図14)「5W1H」の「Why（なぜ）」

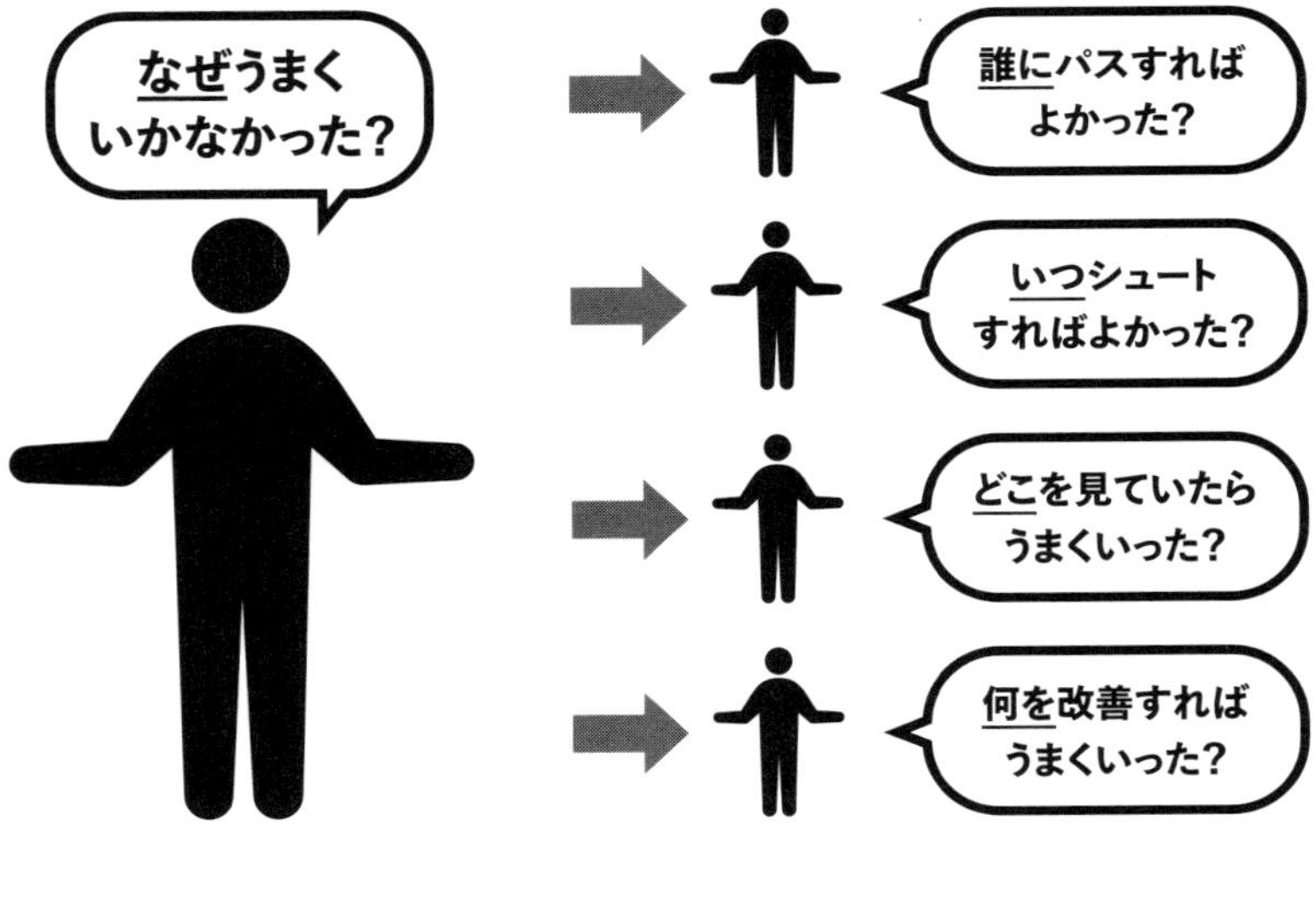

レーをしたのか?」と質問するよりも、「誰にパスをすればよかったのか?」「いつシュートをすればよかったのか?」「いまどこを見ていたのか?」と、ある程度考える範囲、枠を設定することで焦点が定まります。より考えやすい状況をつくることにつながり、端的かつ深く考えることができるようになります。

さらに、「What（何を）」「How（どのように）」に置き換えて質問をすることで、より「内向きの理由（自分に矢印を向ける）」を考えることができます。なおかつ現象の［評価］ではなく、未来志向の改善策を考えることができるので、プレーの改善という意味ではこの質問は有効です。このように、「Why（なぜ）」を意図的に置き換えることができれば、プレーヤーに考えてほしいことに対してよりクリティカルに、端的に考えてもらうことができるようになります。

三つ目のポイントは「どこにアプローチするかを明確にする」こと。これは質問者が質問される側のどの部分にアプローチするための質問をするのかを構造的に捉えることです。パフォーマンス改善を目的とした場合、人の「行動」にアプローチしたいのか、意図や想い、考えといった価値観や心など人の「内側」にあるものにアプローチしたいのか、それともルールや前提条件など、確認作業を行うために「頭」にアプローチしたいのか、の三つに大きく分けることができます。このように、アプローチする場所を構造的に捉えることによって、そもそもどのような目的でどのような質問を使えばよいのかが明確になり、より質の高い質問を行うことができます。

ここまで［ASK］のポイントを述べてきましたが、より高い質で［ASK］を使うために押さえておかなければいけないのは、ここでもやはり**【ゴール設定】**です。「そもそもこのトレーニングのゴールに対してなぜASKするのか」「その質問によって何をどうしたいのか」という**【ゴール設定】**を明確にもてているかどうか。そこが曖昧だと曖昧な質問しかすることができないので、「質問の種類と構造を理解する」「答えやすい質問をする」上で、**【ゴール設定】**は欠かせません。

［DELEGATE（委ねる）］

［DELEGATE］は「委ねる」という手法です。これは、プレーヤーに「とりあえずやってみて」と言うように、その場自体を委ね、よりプレーヤーが主体的に考え行動できるようにする手法です。［DELEGATE］は一般的には上級者、ある程度知識や技能がある人たちに用いる手法だとイメージする人もいるかもしれません。しかし、そうとは限りません。

例えば、初心者に「とりあえずやってみて」と任せて、コーチとプレーヤー自身が「○○ができて、△△はできないのか」と認識するために用いることは有効です。［ASK］のパートでも述べたように、コーチとプレーヤーが同じ認識で物事を進める上で、コーチとして適切に［**支援**］するためには現状把握が必要です。現状を把握する上で一旦「委ねる」ことは「問いかける」こと同じくらい有効な手法でしょう。

「委ねる」ことによるメリットは他にもあります。「委ねる」ことにより、よりその状況に対して自分事化ができ、プレーヤーのモチベーションの向上に役立ちます。モチベーションが向上するとプレーの質はもちろん、学びの質にも大きな影響を与えるので、「委ねる」という手法をうまく使うことができれば、プレーヤーの学びを効果的に引き出すことができます。

では、[DELEGATE]する際に気をつけるポイントを説明します。ひとつ目は【ゴール設定】です。[ASK]のパートでも大前提として述べたように、まずは【ゴール設定】がしっかりしていないと効果的な学びの場としてプレーヤーに「委ねる」ことはできません。そもそもなぜ[DELEGATE]するのか。コーチはそのゴールを明らかにしていなければそれはただの「放任」です。プレーヤーに「委ねる」ということは、「委ねる」側であるコーチには「委ねる責任」が発生します。

ふたつ目はその「責任」です。では、その責任とは何でしょうか？　それは「コーチの役割」のパートで触れた「プレーヤーを目的地へ導く」ことです。その責任を果たすためにコーチは【ゴール設定】をします。もちろん、ただゴールを設定すればいいわけではなく、ゴールに対して適切な環境を整える必要があります。パスのトレーニングを行いたいのにまったくパスが出せない環境でいくら委ねたとしても、本来学んでほしい、成長してほしいポイントは向上しません。

【ゴール設定】に対して適切な環境になっていることが［DELEGATE］する上では欠かせない要素です。

また、ゴールを設定し、「委ねる」だけでは不十分です。コーチはプレーヤーに委ねたからには口出しをせず、すべてが終わった後にフィードバックを行う義務があります。［DELEGATE］で委ねたつもりでも、結局周りから事細かく指示を出すコーチの姿をよく見ることがあります。プレーヤーにその場を委ねたのであれば、委ねた責任をコーチは負わなければいけません。それは口出しをするということではなく、たとえトレーニングがうまくいっても、うまくいかなくても、その場はプレーヤーに委ね、その結果をフィードバックすることでプレーヤーに学びを発生させます。

コーチにとって一番難しいのが、［DELEGATE］の使い方でしょう。うまく使いこなすためのヒントは「ゴールを設定し、我慢して見守り、最後にフィードバックする」ことです。

＊＊＊

ここまで、「コーチの役割」と「コーチングの手法」について解説してきました。現在、スポーツコーチングの世界では［ASK］や［DELEGATE］といった、いわゆる「PULL型（プレーヤーから引き出す）コーチング」が強く推奨されています。私自身も講習会などでその重要性を伝えていますが、時としてそれが、「質問をすればいい」「任せてやらせておけばいい」と、勘違いを生んでしまうことがあります。ここまで紹介してきたものはあくまでも「手法」であり、「手法が目的」になってはいけません。何度も言うように、コーチの役割は「プレーヤーを目的地へ導く」ことです。

「スポーツコーチング型PMモデル」

では、どのようにその四つの手法を使い分けていけばいいのでしょうか？　スポーツコーチングの世界でよく用いられる「スポーツコーチング型PMモデル（図子、一九九九）」というものがあります**（図15）**。同モデルではコーチングを四つのステージに分けています。

（図15）「スポーツコーチング型PMモデル」

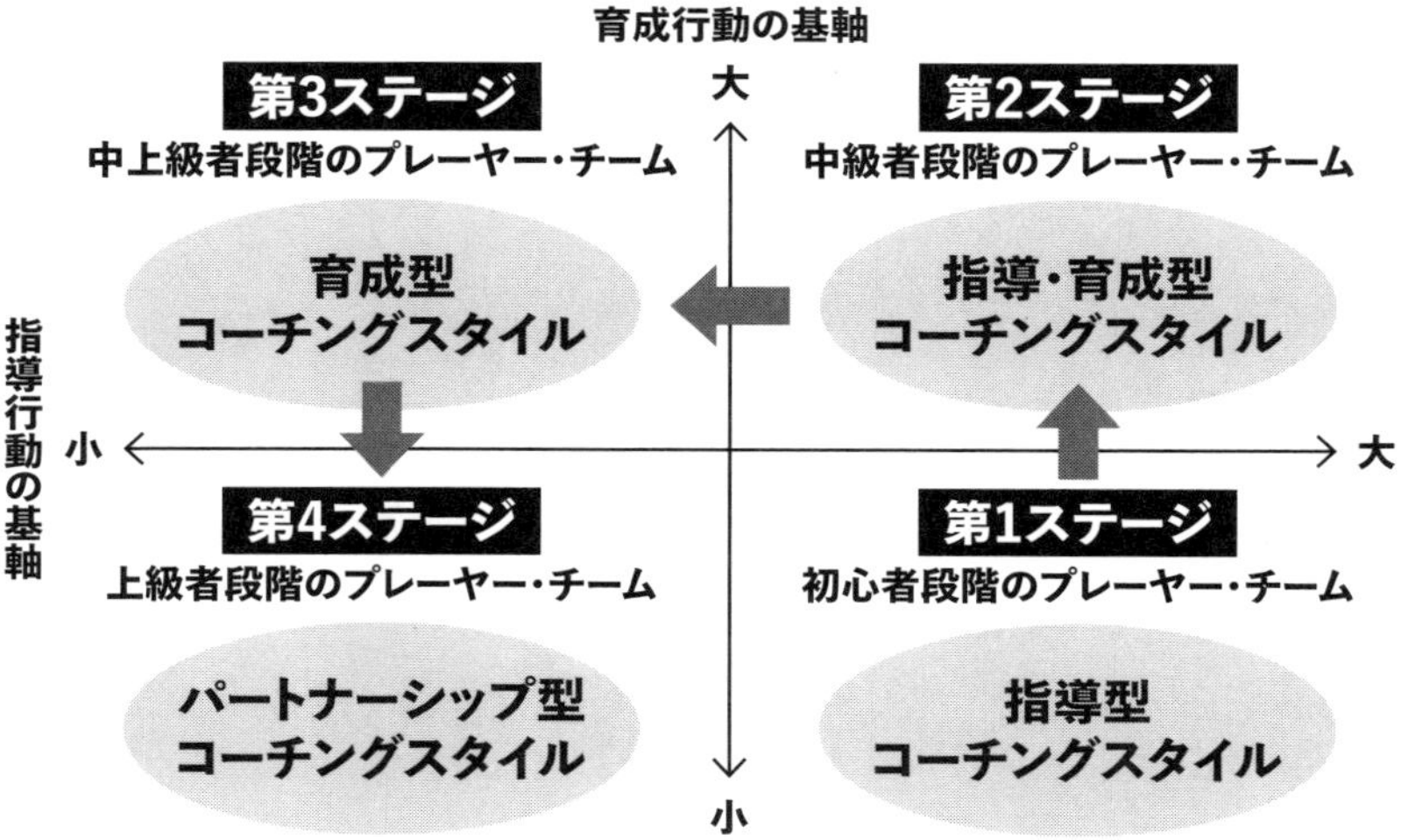

第一ステージ：初心者段階
指導型コーチングスタイル

第二ステージ：中級者段階
指導・育成型コーチングスタイル

第三ステージ：中上級者段階
育成型コーチングスタイル

第四ステージ：上級者段階
パートナーシップ型コーチングスタイル

同モデルについてざっくりと説明すると、第一ステージは教えることが多く、コーチ側から伝えることが多くなり、ステージが上がるごとに教える割合よりも見守ったり、寄り添ったりする割合が増えていくというものです。実際はステージが順々に進んでいくものではなく、第一ステージから第三ステージに飛ばしていくこともあれば、第三ステージから第二ステージに戻ってきたりすることもあります。つまり、コーチはその時々でプレーヤーがどのステージにいるのかを適切に［観察］し［評価］すること、そして、その［評価］に基づいて適切な［支援］を行う必要があります。また、同モデルについては、もうひとつ考えなければいけないことがあります。それは、たとえ初心者段階でも指導型のアプローチをしなければならないわけではない、ということです。

四つのコーチング手法についてコーチに以下のような質問をすることがあります。「どんなときに『TELL／SELL／ASK／DELEGATE』を用いますか？　その理由は何ですか？」。多くのコーチが「初心者にはやっぱり教えないといけない」「上達してきたら考えさせたり任せたりする」と答えます。しかし、本当にそうでしょうか？　私は「プレーヤー自身やコーチが分からないことを分かるために一度委ねる（DELEGATE）ことも有効です。何ができないのか、どの程度までなら理解しているのかを確認するために問いかける（ASK）ことも有効です」と、伝えています。その理由は、課題を提示されたとしても「なぜそれをやらなければいけないのか？」という「Why（なぜ）」の部分が明確でなければプレーヤーは受け身になり、行動の質が下がり成長率が下がるからです。

さらに、いまからやるトレーニングが最終的にパフォーマンスのどの部分につながるか理解して行うトレーニングなのか理解しないまま行うトレーニングなのかで、これもまた成長の度合いが変わってきます。一旦、プレーヤーにトレーニングを「委ねる」ことで、「自分は○○ができていないんだ」「この状況を打開するためには△△を身につけなければならないんだ」と、プレーヤー自身が自分にある課題やこれからやらなければいけないことを知ることができ、その後のコーチの指示やトレーニングに対しての理解度などが変わり、結果的により深く学び成長することにつながる可能性があるからです。そう考えると、同モデルをどう解釈するかにもよりますが、第一ステージだからといって指導型のコーチングが必ずしも適切かというと、そうとも言い切れないのではないでしょうか。

コーチはプレーヤーに対してどのようにアプローチしていけばいいのか、を考える上で一番大切なことは、「あなたはいまなぜその手法を用いてアプローチしたのか？」、この問いに答えることができるかだと思います。そのために**【ゴール設定】**が重要です。どんな手法をいつ用いるのか。正解がないからこそ**【ゴール設定】**した目的地に対して最適な導き方は何なのかを考え、自分なりに強い理由をもって選択していくことが重要であるということも合わせて覚えておきたいところです。

＊＊＊

本章をまとめると、コーチの役割は「プレーヤーを目的地へ導く」ことです。その役割を果たすために［観察］→［評価］→［支援］を適切に、かつ細かく回していくこと。［観察］するためには「何を観察するのか」という【ゴール設定】をもち、［評価］するためには「設定したゴールに基づいた明確な評価基準」をもち、その［評価］をもとに「コーチングの四つの手法」を用いて［支援］する。これが人の学びと成長においてコーチが果たすべき役割です。

第二章　トレーニングの構造

トレーニングとは何か?

ここまで学びと成長、そしてコーチの役割について構造的に捉えるための視点を説明してきました。スポーツにしろ勉強にしろ、正しくトレーニングをすることで人はより学ぶことができ、結果的に成長へとつながります。ここで大切なことは「正しくトレーニングする」ということです。さらに言えば、人が学び成長するために最も大切なのは、「どのようにトレーニングを実施するか」ということになります。ここからはトレーニングをどのように実施すればプレーヤーの学びと成長につながるのかを分析し、トレーニングを構造的に分解していきます。

基本的な学びの場の構造としては、第一章で説明したとおり、質の高い**【ゴール設定】**を行い、**【ゴール設定】**にリンクした**【学びの三大原則】**を意識した環境を設定し、それを**【振り返り】**ます（図16）。ただ、あくまでそれは大枠の話なので、本章ではより具体的に学びと成長の場、いわゆるトレーニングの場をつくっていけばいいのか構造的に捉えていきます。

皆さんはそもそもトレーニングという言葉を聞いてどのようなイメージをもちますか？　多くの人が実際に身体や頭を動かし、技能や知能といった能力を鍛錬する場を想像するのではないでしょうか。しかし、トレーニングは一時間半〜二時間、実際にグラウンドやコート上で身体と頭を使っている時間だけではありません。むしろ、それ以外の時間のほうが長く、その時間をどのように使うかがプレーヤーに対してより良い学びを提供する上では重要です。ここではトレーニングを準備段階とトレーニング実施後までを包括的にトレーニングと捉えて、トレーニングの構造を説明していきます。

その上で、本章のポイントは「分けてつなげる」ことになります。最近では「ゲームモデル」という言葉がサッカーの世界を中心に広がっています。その中で「プレー局面」という言葉があります（図17）。サッカーで言うと「攻撃・攻撃から守備・守備・守備から攻撃」や「ボール保持・ボール非保持」というように、サッカーはどのような局面から成り立っているのかを表しているものです。これはラグビーとバスケット

（図16）「ゴール設定と振り返り」＋【学びの三大原則】

ボールのライセンス講習会の中でも扱っていて、いまのスポーツコーチングの世界においては、切り離せない概念だと言えます。

　そして、この局面構造はトレーニングにも当てはまります。私が考えるトレーニングにおける局面構造は大小ふたつに分けられ、大きいものから言うと**「トレーニング前・トレーニング中・トレーニング後」**で、小さいもので言うとそれぞれの局面において**「OPENING—BODY—CLOSING」**があります（図18）。局面の分け方自体に、これが正しいというものはありません。むしろ、トレーニングを構造化して考える上で、適切な局面分けを行うことのほうが大切です。本章では私が普段トレーニングを構造化するときに使っている大きい局面**「トレーニング前・トレーニング中・トレーニング**

（図17）**「プレー局面」**

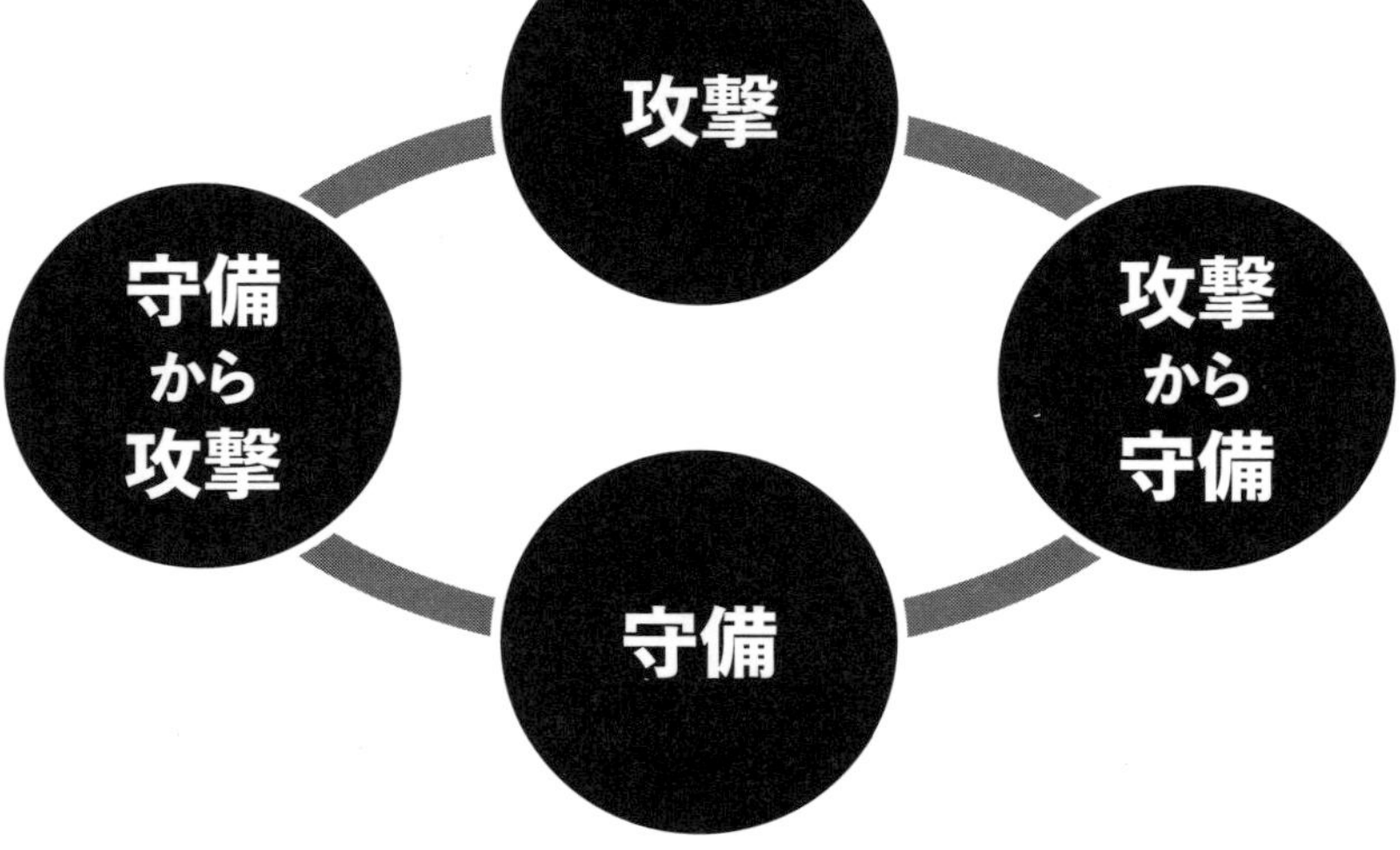

後」に対して、小さい局面「OPENING―BODY―CLOSING」ではどのようなことを考えればいいのかを中心に進めていきます。

「トレーニング前局面」

「トレーニング前局面」をどのように過ごすのか、そこでトレーニングの質は大きく変わります。「トレーニング前局面」の最大の目的は「トレーニングを行うために最高の計画と準備を行う」ことです。物事は何をやるにしても時間が必要です。しかし、時間は一日二四時間、一年三六五日と決まっています（四年に一度は閏年がありますが）。もちろん、二四時間ぶっ通しでトレーニングをできるわけもなく、限られた時

（図18）トレーニングの局面構造

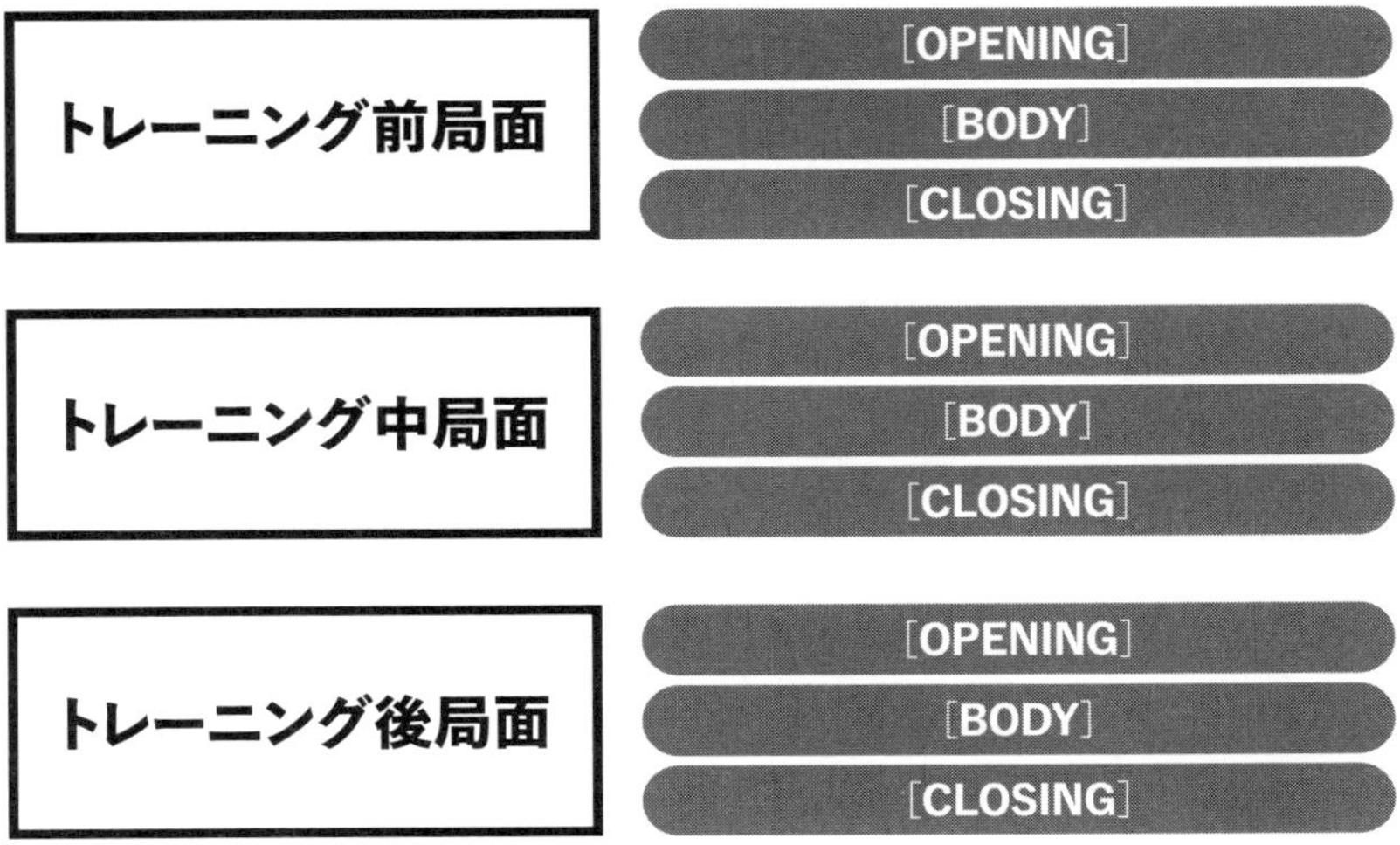

間の中でしかトレーニングを行うことはできません。そんな限られた時間の中で「最高の成果」を出すためには、まずはトレーニング前の時間を充実させる必要があります。

では、そもそも何をもって「最高」と言えるのか。最高という言葉はスポーツの世界に限らず、いろいろな場面で使われます。「最高の準備をしよう」「最高の試合をしよう」「最高のトレーニングをしよう」。もちろん、それぞれの場面における最高の意味合いは違い、たとえ同じ場面であっても最高の定義は人それぞれ違います。

このように、「場面や人によって定義や解釈が変わる」言葉はより丁寧に扱わなければいけません。この定義がずれてしまうと物事を進めていく過程でどんどんずれが生じてしまい、それがストレスとなりパフォーマンスが下がる一因となります。結果的に学びと成長の度合いが下がり、非常にもったいないことになります。だからこそ何かをやる前に前提を合わせておくことが重要で、かつ**「トレーニング前局面」**に行っておくことが結果的に**「トレーニング中局面」**や**「トレーニング後局面」**の精度を大きく左右することになります。

話は戻って、皆さんはこの場合における最高をどう考えますか？　私はこの**「トレーニング前局面」**における最高の定義は、「疑っても疑えない状態」だと考えます。少しでも「これでいいか」「これくらいでいいだろう」という妥協や「これで大丈夫」という慢心をもってしまうと、その時点で「最高のトレーニングを行うための最高の計画と準備を行う」ことにはなりません。「本当に◯◯でいいのか」「このトレーニング構成だと△△になる可能性はないか」「××のアイデアのほうがいいのではないか」など、一度立てたプランに対してさまざまな角度から疑いをかけ、それでも疑えない状態にまで磨き上げる必要があります。

「最高のトレーニングを行うための最高の計画と準備を行う」ためのポイントは、「計画と準備を分けて考える」ことです。では、「計画」と「準備」をそれぞれどのように定義すればよいでしょうか？　私がコーチ時代に教わり、講習会などでコーチに伝えている定義は、

「計画」
物事を進める上でベストな過程を可視化したもの

「準備」
計画を円滑に、効率的・効果的に進めるための最適化作業

となります（**図19**）。物事は完璧な計画を立てればうまくいくわけではありません。逆に準備だけを完璧にやったとしても、計画がなければ物事は進んでいきません。計画と準備の両方がそろって初めて物事が円滑に前へ進めることができるようになります。

この計画と準備について、よく「どちらからやればいいのか？」と質問を受けることがあります。この質問は非常に難しく、「ケースバイケース」と答えざるを得ません。なぜなら、計画があるから準備ができる場合もあり、準備があるから計画が立てられる場合もあるからです。

例えば、ラグビーのトレーニングで考えた場合、トレーニング計画があるから「ボールを五個、マーカーを三〇枚、ビブス一五着」と、準備するものが分かる場合もあり、逆に「ボールは二個、グラウンドは半面、プレーヤーはトレーニング開始時には一〇人のみ」と、あらかじめ準備できるものや環境が決まっていて「そういう制約があるのであれば、こういうトレーニングをしよう」と、計画を立てることができる場合もあります。

（図19）「計画」と「準備」

計画	**物事を進める上で ベストな過程を可視化したもの**
準備	**計画を円滑に、効率的・効果的に 進めるための最適化作業**

いずれにせよ、**「トレーニング前局面」**においては、この計画と準備をいかに高い精度で行うことができるかが重要なポイントになります。では、ここから**「トレーニング前局面」**においての「OPENING―BODY―CLOSING」はそれぞれどのような役割があって、何を行うのかを説明していきましょう。

「トレーニング前局面」の［OPENING］

「トレーニング前局面」における［OPENING］で行うことは「トレーニングの前提合わせ」です。前提を合わせなければならない要素はたくさんあります。最初に合わせなければいけない前提は「トレーニングのゴール設定」です。すでに、ここまで折りに触れて「コーチングにおけるすべての事柄がゴール設定に紐づいているかが大切」だと伝えてきました。

それはもちろん、トレーニングにおいても同様です。その前提がずれてしまえば、その後に起きることすべてがずれていくことになります。どのようなゴールを立てればいいのか、についてはすでに**【ゴール設定】**のパートで書いているので、何度でも読み返してください。

【ゴール設定】にはさまざまな意味が含まれていますが、［OPENING］のポイントである

「前提合わせ」では、その日、もしくはその期間のトレーニングにおいて「フォーカスするところ」と「スルーするところ」を決める大きな意味をもちます。

コーチはプレーヤーよりも俯瞰的に物事が見えたり、そもそももっている知識の量が違うだけに、目の前で起きている現象に対してさまざまなものが見えてしまい、その現象に対してコーチングしたくなってしまいます。それ自体は悪いことではありませんが、見えてしまったものすべてにフィードバックをしてしまうと、受け取るプレーヤーが処理しなければいけないメッセージが増えすぎてしまい、「結局、今日のトレーニングで大切なことは何だったの?」「コーチは何が言いたいの?」「あれもこれも言われて覚えていない」という現象が起き、せっかくのトレーニングの効果が半減してしまいます。コーチはその日にコーチングするポイントを決めてそこにフォーカスしてコーチングすること、また、気になることが出てきたとしても「このポイントについてはコーチングしない、スルーする」とポイントを決め、共通認識をもった上でトレーニングに臨んでください。

その「フォーカスポイント」や「スルーポイント」を何にするか決めるのにも、**【ゴール設定】**は無視できません。ゴールによってその日のフォーカスとスルーが変わるので、やはりまずは**【ゴール設定】**から始まります。ゴールを設定するためにはまず、年間プランを見直したり、チームの現状分析の認識を合わせたりする必要があります。

計画を立てるときに、まずやることは【ゴール設定】で、ゴールを立てる前に行うことが「現状把握」です。正しい現状把握ができなければ、いくらゴールの質を上げたところで「適切なゴール設定」を行うことができません。現在地を間違えてしまえば、ゴール設定はまったく意味がありません。

例えば、電車の乗り換え案内アプリでJR新大阪駅への行き方を調べたとします。アプリはJR新大阪駅までの電車の乗り方や時刻まで正確に調べて教えてくれます。しかし、そもそも自分がどこにいるのかを正しく入力できなければ、その経路はまったく意味をもちません。JR東京駅からJR新大阪駅に行きたいのか、それとも那覇空港からJR新大阪駅に行きたいのか、目的地は同じでも現在地が違えば目的地までの経路などすべてが変わります。まずはしっかりと現状把握をして、自分たちの現在地を把握することがゴールを設定する上での第一歩となります。

そして、ここで改めて適切な【ゴール設定】について話をすると、【ゴール設定】のパートで書いた具体的であるか、適切な難易度になっているか、ワクワクするものになっているか、の三つのポイントを思いだしてください。トレーニングを考える際は、特に具体的であるかを突き詰めて考えることが重要でしょう。

競技構造の理解

具体性を上げるために大切なポイントは競技構造の理解です。スポーツは複雑です。なぜなら、いろいろな要素が複雑に絡み合って成立しているからです。スポーツを構造的に理解することで、複雑なスポーツを単純化して捉え、階層的に考えることで「誰の」「何を」「どのように」したいかを明確に考えることができるようになります。では、競技を構造的に捉えるとはどういうことでしょうか？

先ほども触れたように、近年、サッカーやバスケットボールの世界では「ゲームモデル」や「プレーモデル」という言葉が頻繁に使われるようになりました。私が専門としているラグビーの世界でも「攻防の原則」という呼び名で、世界共通のフレームとしてラグビーという複雑な競技を構造的に捉えることで単純化し、シンプルに捉えられるようにしています。もちろん、競技構造はそれぞれの競技によって違います。しかし、競技構造を考える上でのフレームはどの競技でも共通しているものがあります。いまから競技構造の考え方を説明します。私は競技を構造的に捉えるために、

一　競技の目的を明らかにする
二　局面を分ける
三　局面ごとの目的を整理する
四　局面ごとの流れを整理する

という四つのステップで考えています。それぞれを詳しく説明します。

一　競技の目的を明らかにする

これは競技構造を考える上で一番大きな概念になります。そもそもその競技は何を目指して行うものなのか。この部分を考えることができなければ何もスタートしません。すべてはその目的を達成するためにプレーヤーはプレーし、コーチはチームとプレーヤーのパフォーマンスの向上を目指すからです。

ラグビーの現場でよく「ラグビーのゲームの目的は何か?」と質問すると、「陣取りゲーム」「ボールを奪い合うゲーム」という答えが返ってくることがあります。しかし、ラグビーのゲームの目的はそうではありません。では、ラグビーのゲームの目的とは何でしょうか?

ラグビーのようなゴール型競技や採点型競技であれば、「試合終了時に相手より一点でも多く点を取っている状態で終わる」になり、タイムを競う競技であればそれが「相手よりも一秒でも速くゴールする」ことになります。競技の目的を常に頭に置きながら、これから競技を構造的に捉えていくための考え方を整理していきましょう。

普段のトレーニングなどにおいても、この目的を達成するために戦略や戦術を考え、遂行していき、スキルを学んでいくことになります。あくまで戦略や戦術を遂行すること、スキルを発揮することが目的ではなく、競技の目的を達成するためにそれらすべてのことがあるのだということをコーチは常に忘れないようにしなければなりません。このように、その競技が何を目指して行うものなのかを明確にすることが第一歩となります。

二　局面を分ける

すべての競技においてその競技を構成するさまざまな局面が存在します。これについても本章の冒頭部分で触れました。例えば、「攻撃・攻撃から守備・守備・守備から攻撃」「ボール保持・ボール非保持」といった局面構造や、一〇〇メートル走であれば「スタート・加速・維持・フィニッシュ」といった局面構造も存在するのではないかと思います。このように、自分がやっている競技に対してどのような局面が存在するのかを分けて考えることで、それぞれの局面の流れを整理することにつながります。

これは何もスポーツだけに存在するものではありません。例えば、人の一日を考えたときにも「午前・午後」と分けてみたり、「朝・午前・昼・午後・夕方・夜」のように局面を分けて考えることで、それぞれの局面で自分が何をするべきなのかを整理して考えられるようになります。物事を構造的に捉える上で局面分けは非常に重要です。ただし、その分け方に正解はありません。自分なりにその競技をどのように切り取るかを考えることがより重要です。皆さんもぜひ自身の競技や目の前の状況を局面分けしてみてください。

三　局面ごとの目的を整理する

局面分けをすることができたら、次にそれぞれの局面の目的を整理します（図20）。例えば、「攻撃・攻撃から守備・守備・守備から攻撃」と局面を分けたとき、それぞれの局面ごとに何を目的として行わなければならないのかを考えなければ、局面分けをする意味がありません。一でも触れたように、「何のためにその戦術を使うのか」「何のためにそのスキルをトレーニングするのか」を考える必要があるからです。

繰り返しになりますが、戦略や戦術・スキルは、そのもの自体を披露することではなく、競技の目的を達成するためにあります。そう考えたとき、競技を局面で分けたのであれば、競技の目的と紐づいたそれぞれの局面に応じた目的を設定する必要があります。

そのときに押さえておかなければならないのは、「競技の目的」という一番大きな目的を忘れないことです。局面ごとの目的も、それぞれのチームとコーチの価値観や考え方によって変わります。ここではあくまで私の中で整理している局面ごとの目的を「攻撃・攻撃から守備・守備・守備から攻撃」を例にして紹介します。

攻撃：得点を取る

競技の目的が「試合終了時に相手より一点で

（図20）それぞれの局面の目的

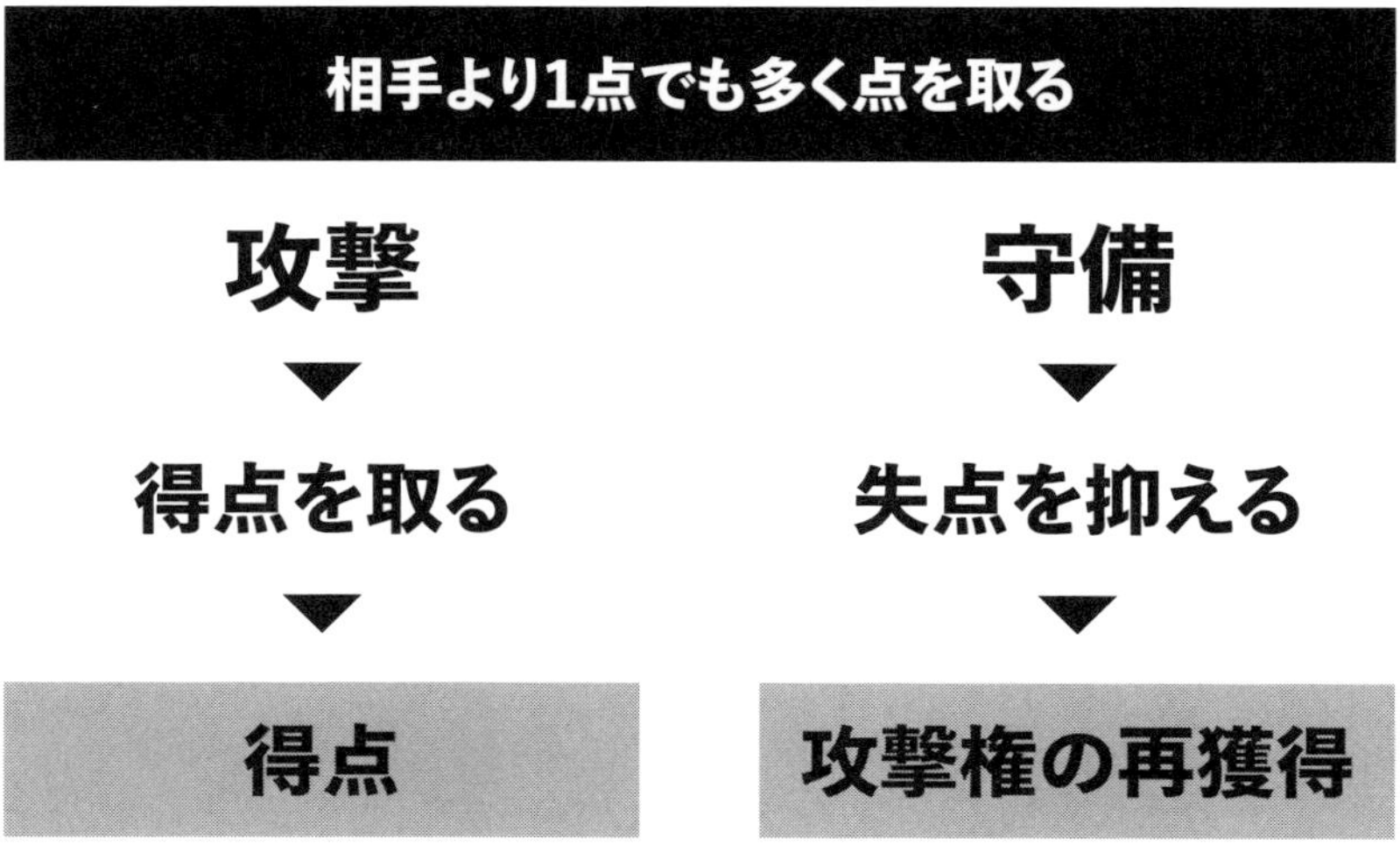

も多く点を取っている状態で終わる」ことを考えると、点を取らないと勝てません。点を取るためには攻撃をしなければ得点を奪うことはできないことは理解できるでしょう。攻撃の目的は「得点を取る」ことになります。

攻撃から守備：守備の陣形を整える時間をつくる

攻撃が終わると守備が始まります。得点を取る、自分たちのミスで攻撃権を失う、相手のいい守備によって攻撃権を失う。攻撃の終わりにはさまざまな種類があります。どんな種類で攻撃が終わったとしても攻撃から守備に移る局面があります。

攻撃から守備局面において最大の目的は「攻撃権の再獲得」でしょう。そういう意味で言うと、攻撃から守備も攻撃局面に分類できるという考え方もでき、実際、私もそのように考えるときもあります。しかし、あえてこの攻撃から守備という局面を設定するのであれば、その局面を設定する目的を設定する必要があります。

そこで私なりに定義している攻撃から守備局面の目的は「守備の陣形を整える時間をつくる」ことです。自分たちの攻撃が終了する際、攻撃側の陣形は自分たちの攻撃に最適化されたかたちになっていることがほとんどです。攻撃に最適化されているかたちということは、守備の視点に立ったときには一番守備に適していない配置になっているとも言えます。だからこそ多くのゴール型スポーツで「ターンオーバー後のカウンターアタックはチャンスである」といわれています。ということは、攻撃から守備に切り替わったときには、まずは自分たちの陣形を守備に最適化する必要があります。攻撃から守備に切り替わった局面においては、「自分たちの守備の陣形を整える」ことを最大の目的とし、守備局面に移行させていく必要があると考えています。

守備：攻撃権を再獲得する

この定義を聞いたときに、もしかしたら、「えっ!? 『得点を取られない』ことが最大の目的じゃないの!?」と、思われた人もいるでしょう。もちろん、それを目的として設定されるコーチもいると思います。それはそのコーチの定義なので否定するつもりはありません。ただ、競技の目的が「試合終了時に相手よりも一点でも得点が多い状態で終了する」ことであると考えると、実は「得点を取られたとしても攻撃権を獲得したほうがいい」こともあるのではないかと私は考えています。

特にバスケットボールやラグビーのように得点の種類が多いスポーツや、野球やソフトボールのように状況によって入る得点が変わるスポーツにおいて「ここは一点だけ相手にあげて攻撃権を再獲得し、次の自分たちの攻撃で三点取ろう」と考えてゲームを進める場合もあります。つまり、「試合終了時に相手よりも一点でも得点が多い状態で終わる」状態を目指すために、守備局面において「どのような状態で次の攻撃を開始するか」は一番大切な要素だと考え、私としては守備局面の目的は「攻撃権の再獲得」と設定しています。

守備から攻撃：守備陣形が整う前に得点する

攻撃から守備のパートでも説明したように、攻撃権を再獲得できたとき、攻撃権を失った側の守備陣形は一番守備には適してないかたちになっていることがほとんどです。また、守備意識という面でも一番薄い局面でもあります。それだけに、攻撃権を得た側としては相手の守備陣形が整う前にチャンスをつくり得点することが最大の目的となります。もし、ここで得点までいけなかったとしても、次は攻撃局面に移行するので、最低でも攻撃局面をいいかたちで開始できる状態で守備から攻撃の局面を終了できると考えています。

＊＊＊

このように、局面整理をしたら、局面ごとの目的を明らかにしていきます。局面構造をつくるだけではなく、その局面ごとの目的を設定することで、うまくいったとき、うまくいかなかったとき、どちらにもかかわらず、どのような問題が発生したのかを発見することができるようになり、課題を設定しやすくなります。

四　局面ごとの流れを整理する

局面分けを行い、それぞれの局面ごとの目的を整理することができたら、次は「その局面はどのような流れで構成されているのか」を整理します。例えば、私の場合、ラグビーに限らずゴール型競技全般に共通する攻撃局面の流れとして、「争奪→運ぶ→崩す→狙う→得点」と流れを整理しています（図21）。

ラグビーにしろ、バスケットボールにしろ、攻撃権の獲得はまずボールを奪い合うことから始まります。ラグビーで言えばスクラムやラインアウト、キックオフ、バスケットボールで言えばリバウンドやジャンプボールなどで、まずはボールを獲得しなければ攻撃は始まりません。たとえ得点を決められた後のスローインであっ

（図21）ゴール型競技に共通する攻撃局面の流れ

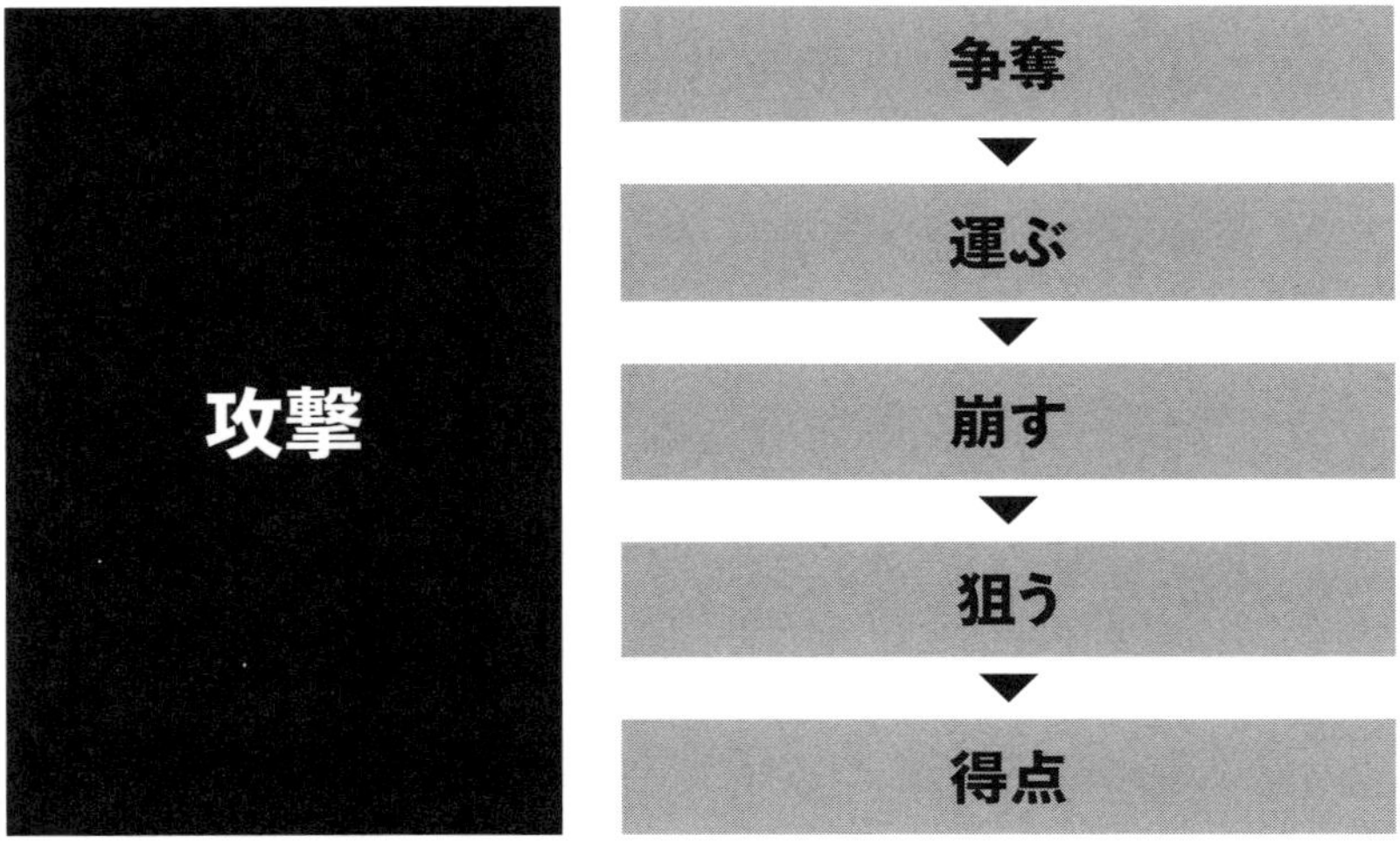

たとしても、コート外からボールを投入する権利は与えられますが、そのボールをカットされてしまうと、攻撃を開始することはできません。つまり、攻撃の始まりはボールの争奪からになります。

そして、獲得したボールを得点のチャンスを高める位置まで運んでいきます。ボールを運んだ後は、得点を狙うために相手の守備陣形を崩し、得点期待値を高めた状態で得点を狙います。最終的にそれが得点につながるからです。ゴール型競技ではない場合でも、この局面の流れは考えることができます。

例えば、野球素人の私なりに野球の攻撃局面の流れを考えると、めちゃくちゃ単純ではありますが、「出塁→チャンスメイク（進塁）→得点」と考えています。また、日常生活においても「朝」という局面は「起床→水を飲む→トイレに行く→朝食を摂る→身支度をする」と流れを整理することができます。このように各局面において、その局面がどのような構成になっているのかを明らかにすることで、「局面のどの部分に問題があるのか」を特定しやすくなります。

最終的に、この局面ごとの流れを整理するところまで行えれば十分というわけではなく、その流れを遂行するために必要な役割はどのような役割があり、どんな責任を果たさなければならないのか、その責任を果たすためのスキルは何なのか、さらにそのスキルを遂行するためのキーポイントは何なのかまで、ブレイクダウンして考えることができると、その競技自体の競技構造を捉えることができます。とはいえ、そこまでいってしまうとかなり深い沼にハマってしまう可能性もあるので、ひとまずここまで紹介した四つのステップに留めておきます。

＊＊＊

この四つのステップを意識するだけで、構造的に競技を捉えることができるようになります。スポーツを事例に解説していますが、これは何もスポーツに限定されたフレームではありません。日常生活の中でも「一日の目的」があり、その一日を局面分けして、その局面の目的を定めて流れを整理するだけで日々のパフォーマンスの向上につながり、それを勉強や習いごとに置き換えて考えることもできます。物事をその目的からブレイクダウンして構造的に考えることは、人の学びと成長にとってかなり有効です。ぜひこの四つのステップを使って、さまざまなことを構造的に捉えてみてください。

ゴールの具体性を磨いていく

競技を構造的に整理することができると、具体的にゴールを設定できるようになります。チームスポーツにおいて、「ドリブル」「ボールを持って走る」「キック」「シュート」などの個人プレーは、競技の中ではかなり限定的なプレーになります。それゆえ、チームスポーツのトレーニングは、グループ戦術やチーム戦術といった複数のプレーヤーが絡み合うトレーニングが自然と多くなります。

例えば、サッカーで「二対一でフリーのプレーヤーがシュートを打つ」トレーニングを行うとします。この時点で攻撃側の人数は二人いるので登場人物が二人になります。バスケットボールなら五人、サッカーなら一一人、ラグビーなら一五人とプレーヤーが増えれば増えるほどトレーニングは複雑になっていきます。複雑な状況下でコーチングを明確化するためには、「誰の」「何を」「いつまでに」「どのように」になっていればいいのかを整理していく必要があります。

「二対一」の状況を例に整理してみると、攻撃側の二人の登場人物をドリブラーとサポートに分けることで「誰の」が明確になります。次に整理すべきものは、ドリブラーが「二対一でフリーの状態でシュートを打つ」というゴールの絵を達成するために果たさなければならない責任についてです。「ディフェンダーの肩の向きを見ることでドリブラーがそのままシュートを打ったほうがいいか、サポートにパスするほうがいいかを判断する」という責任を明確にすることができれば、「ドリブラー（誰の）が」「ディフェンダーの状況を見て判断できる能力を身につける」という「何を」を整理できます。

さらに、「いつまでに」できるようにすればいいのかを考えます。時間は有限なのでトレーニングにおいて時間軸の整理は最も重要かもしれません。「今日のトレーニング終了後まで」にできるようになればいいのか、「今週中まで」にできるようになればいいのか、はたまた「今月中まで」にできるようになればいいのか、によってコーチングの計画や実際のアプローチは大きく変わってきます。

最後に「どのように」を整理します。これは**【ゴール設定】**のパートでも述べた「ゴール設定の段階」の整理です。何かを習得する段階は「無知↓知っている↓意識してもできない↓意識したらできる↓無意識ではできない↓無意識でもできる」です。要するに、今日のトレーニングは「意識的にできればいい」のか、「無意識的にできればいい」のかで、こちらもコーチングの計画やアプローチは大きく変わってきます。

「ドリブラーがディフェンダーの状況を見てシュートを打つのか、サポートにパスを出す判断をするのか」「ドリブラーがディフェンダーの状況を見てシュートを打つのか、サポートにパスを出す判断をするためのポイントを理解するのか」。ここまで整理することができれば、コーチ同士、もしくはコーチとプレーヤーの間での認識のずれはなくなります。**「トレーニング前局面」**の「OPENING」では、これくらい緻密に認識を合わせていきます。

「トレーニング前局面」の［BODY］

前提を合わせた後は実際のトレーニング計画を立てます。まず、「スケジュール」ではなく、「プラン」を作成します。では、スケジュールとプランの違いとは何でしょうか？　自分なりの定義で言えば、スケジュールは「この後に行うことを時系列で記した行動予定表」で、プランは日本語に訳すと「計画」なので「物事を進める上でベストな過程を可視化したもの」となります。要するに、スケジュールは「何を行うか」を記したもので、プランは「何をどのように行うか」を記したものです。

両者の間には大きな差があります。なぜなら、「何を行うか」を記しただけだとトレーニングを行う際にどのように進行すればいいかが明確になっていないので、トレーニングの効率が下がるからです。プランと呼べるものまで準備しておけばトレーニングを効率的・効果的に行うことができるようになるので、**「トレーニング前局面」**ではスケジュールではなくプランを立てる必要があります。

コーチ研修の際に、「いまから二〇分間のパストレーニングのプランをつくってください」というお題を出すことがあります。多くのコーチは、

トレーニング説明　二分
敵なしパス　五分
二対一でパス　七分
パスゲーム　三分
【振り返り】　三分

と、トレーニングメニューのみを記載します。これは先ほどの定義に当てはめるとスケジュールでしょうか、それともプランでしょうか？　言わずもがなこれはスケジュールです。では、これをプランに変えるにはどうすればいいでしょうか？

多くのコーチが記載したスケジュールには「何を行うか」は書かれていますが、「何をどのように行うか」は書かれていません。これに「どのように」を足していく必要があります。**【ゴール設定】**はもちろん、「コーチングポイント」「コーチの役割分担」「準備するもの」「移動動線」「トレーニングの回転効率」などを足していきます。トレーニングメニューに関しても「水分休憩をいつどのように入れるのか」「いつどんなタイミングでハドルミーティングを入れるのか」など細かい部分も突き詰めていきます。項目をどれだけ洗い出し、抜け漏れなくチェックできるかがカギを握ります。

以下はコーチディベロップメントの現場で実際に経験した話です。コーチ陣は完璧なプランを立てたつもりでグラウンドに出て、トレーニングを始めました。しかし、それはただ単にスケジュールが完璧だっただけでした。コーチによってコーチングするポイントはバラバラ。想像よりもメニュー間の移動時間がかかりスケジュールどおりに進めることができず結果的にトレーニング時間が大幅にオーバー。グラウンドの使用時間がきてしまいメニューを消化できず……。結局、十分なトレーニング効果は得られずじまい、ということが起きたのです。このような失敗を防ぐために「何をどのように行うか」、そしてそれがうまくいかなかった場合の「プランB」や「プランC」までもっておく。これでもかというところまで落とし込むことがプランと言えます。

パフォーマンスの構造

トレーニングプランを考える際に一番大切なことはもちろん【ゴール設定】です。ゴールを押さえた上で、トレーニング中にどのような環境をつくるのかを考えます。そこでポイントとなるのが「パフォーマンスを分解する」ことです。これは「ゴール設定を分解する」こととは少々異なります。パフォーマンス自体がどのような要素から構成されているのかを理解するための分解です。

「パフォーマンスを分解する」観点はたくさんあります。同じ現場で一緒にコーチングする機会もある競技を問わず世界中で活躍されているパフォーマンスアーキテクトの里大輔氏が提唱している「パフォーマンスチューブ」（『身体動作解体新書　現象を本質的に分解してパフォーマンスを上げる』カンゼン、二〇二三年）では、パフォーマンスを「ファンデーション」「アビリティ」「テクニック」「スキル」の四つに分解しています。一方、私はプレーヤーとチームのパフォーマンスを五つの要素に分解しています。

［技術（スキル＆テクニック）］
［心理］
［身体］
［知識］
［戦術］
プラス［感性］（図22）

では、それぞれについて説明していきます。

［技術（スキル&テクニック）］

［技術］とは身体で表現する技能です。里氏が提唱されている「パフォーマンスチューブ」に則れば、「スキル」と「テクニック」に分類する必要もあります。なぜなら、身体動作を高めるためのテクニック領域と状況判断やプレッシャーを伴う状況下で身体動作を発揮するスキル領域とではトレーニングをする領域が違うからです。つまり、［技術］の箱を構成している要素として「スキル」と「テクニック」があり、さらにそれを細かく分けると「スキル」には「認知・判断・決断」の要素があり、「テクニック」には「身体の使い方・道具の使い方」があるといったイメージです。

このふたつを区別できていないと、いわゆる

（図22）パフォーマンスの5つの要素

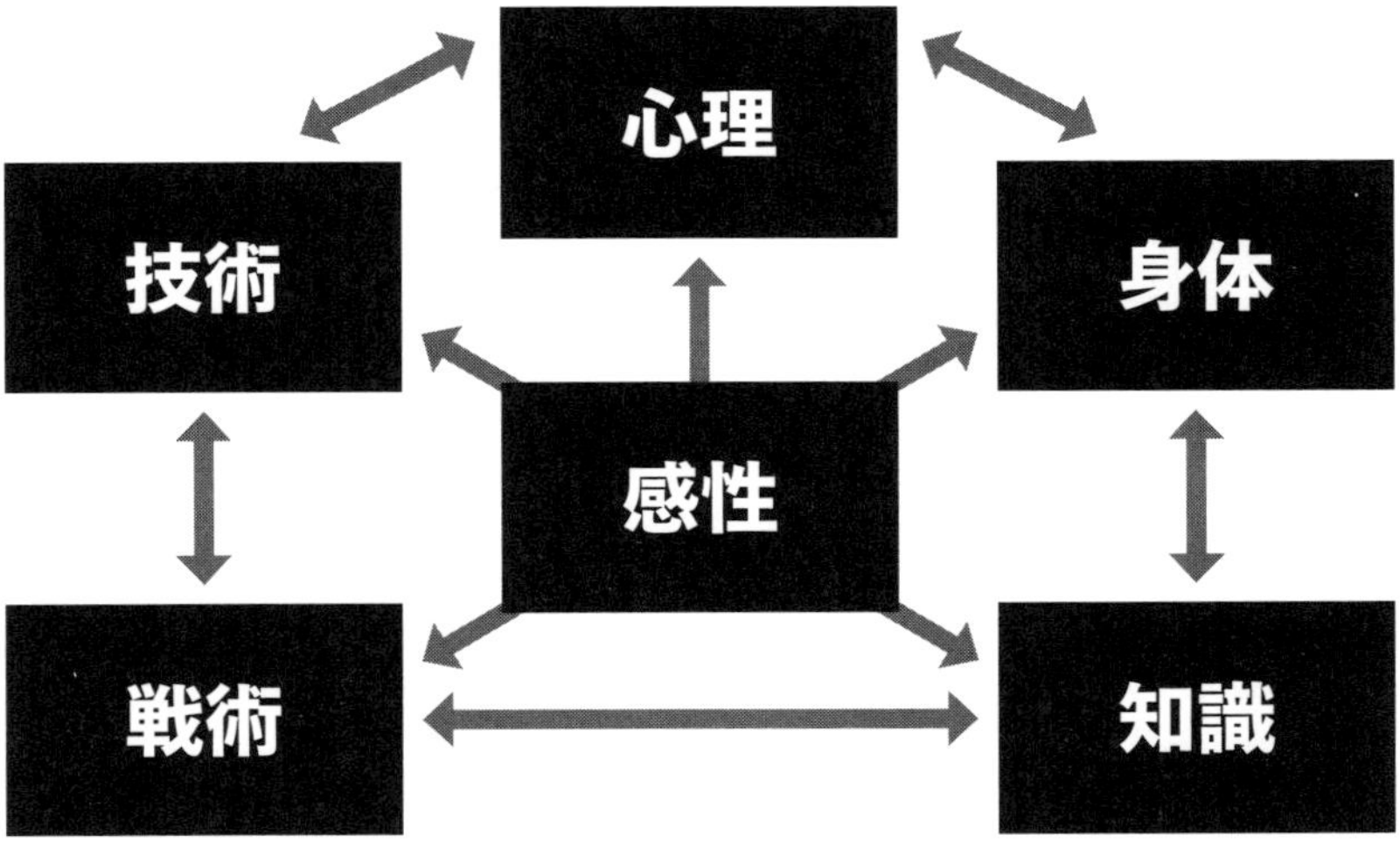

「練習上手の試合下手」のようなプレーヤーを育成することにつながりかねません。なぜなら、「スキル」と「テクニック」の分類をしない多くのコーチが陥りがちな罠として「テクニックトレーニングに偏る」という点があるからです。状況判断のないトレーニングが増えると、プレッシャーを伴う中でパフォーマンスを発揮しなければならない状況になったときに「テクニック」を使うことができなくなります。「スキル」と「テクニック」を切り分け、その時々によってトレーニングプランに組み込むかどうかを考えれば、それも解消されます。

【心理】

「心技体」といわれるように、スポーツの世界では心の要素もパフォーマンスに大きく影響します。観客がたくさん入っているほうがパフォーマンスを発揮できる・できない。勝負どころに強い・弱い。勉強の場面において授業中の問題は解ける・テストの問題は解けない……。その時々の【心理】状況によってパフォーマンスが変わってしまうことはスポーツの世界でも、それ以外の世界でも多々あります。であれば、【心理】は人のパフォーマンスを構成する要素として無視はできません。

［身体］

人がパフォーマンスを表現する以上、［身体］の要素がパフォーマンスの構成要素に入っていることは当然です。特に近年のスポーツ界ではプレーとゲームの強度がますます上がってきています。それに伴ってパフォーマンスにおける［身体］の重要性は日に日に増してきています。

ひと言で［身体］と言っても［技術］と同じようにひと括りにはできません。「パワー」「スピード」「持久力」「敏捷性」「柔軟性」「身体操作性」など、さまざまな要素から［身体］は構成されています。パフォーマンスを分析していくと、［技術］云々の前に［身体］の要素に課題がある事例が非常に多いことが分かります。それも、パワーはあるけれどスピードがない、直線は速いけれど切り返しができない、単純に体が硬い、などいろいろなケースがあります。

また、［身体］に関することだけではなく、「思考力」という脳の領域に関しても［身体］の要素に含まれると考えています。例えば、考え続けるための持久力があるのか、目まぐるしく状況が変わる中で柔軟かつ瞬発的に思考を巡らせることができるのか……。［身体］を身体的な要素と捉えるのであれば、脳の部分も無視することはできないでしょう。

このように、人のパフォーマンスにおいて［身体］は重要な役割を担います。だからこそパフォーマンスを構造的に捉える上で、［身体］の要素は考慮しなければいけません。

［知識］

パフォーマンスを考える上で［知識］もひとつの要素として考えています。例えば、［身体］をトレーニングするときに正しい栄養の［知識］があればよりその効果を高めることができます。［技術］の面でも、そもそもどのような［技術］が存在するのかを知っていれば［技術］の幅が広がります。［技術］のポイントを知っていれば技術的な問題点を見つけることができるようになり、的確にアプローチできるようになります。

スポーツのパフォーマンスにおいて、「見つける」ことはかなりのアドバンテージです。パフォーマンスを改善しようとしたとき、チームとプレーヤーのパフォーマンスのどの部分を改善すればいいのかを判断するためには改善点を見つけなければいけません。見つけるためにはパフォーマンスを構成している要素は何かを知っている必要があります。

状況判断やスキル発揮の最初のプロセスは認知です。認知するためには「いつ」「どこの」「何を」見るのかを理解していなければ、状況を正しく認知することはできません。このように、見るためには知っているという［知識］の量が必要不可欠です。

［戦術］

トレーニングは本番で高いパフォーマンスを発揮するために行うものです。スポーツという限られた時間の中で本番でのパフォーマンスを効果的に発揮するためには、「効率よく時間を使う」ことが求められます。すなわち、試合で必要のないプレーをトレーニングで時間を割く必要はありません。

［戦術］はパフォーマンスを考えると、重要な環境要因です。［戦術］によって求められる正解は大きく変わります。例えば、素早いカウンターアタックで得点を目指す［戦術］を採っているチームにとって、ゆっくり攻めるためのパス回し、それに付随するスキルトレーニングはほぼ意味がありません。なぜなら、戦術的に「スキル」を発揮する場面はほとんどないからです。

チームの戦術理解度が低い場合は、［戦術］を浸透させるためのトレーニングを行う必要があります。プレーヤーとチームがもっている「スキル」をいつどのように使うのかは［戦術］というある種の制約条件、環境設定によって変わるので、［戦術］はパフォーマンスを考えるときに考慮すべき要素です。

プラス［感性］

本書では学びと成長を構造的に捉えることを推奨しています。物事を構造的に捉えるためには分解することが大事です。が、人の学びと成長、パフォーマンスはお互いが複雑に絡み合っています。例えば、［技術］が高くなれば［心理］の状態が良くなり結果的にパフォーマンスが向上することもあれば、［心理］の状態が悪いことで［技術］が発揮できずパフォーマンスが下がる、といったようにです。パフォーマンスを分解しつつ、それぞれの要素をつなぎ合わせて考える［感性］もコーチは併せもっていなければいけません。

物事を分解するためには物事を構造的に捉える力が大切です。一方、物事をつなぎ合わせるためには「どこにアプローチすればどのようにパフォーマンスが改善するのか」といった［感性］が必要です。［感性］を磨くためには「多様な経験を積む」「創造力を働かせて考える」「新たな知識を得る」「チャレンジする」ほかありません。チームとプレーヤーの［感性］にアプローチすることで、パフォーマンスは向上するので、［感性］もまた重要な要素のひとつです。

＊＊＊

このように、パフォーマンスを分解したからといって、すべてがバラバラなわけではありません。なぜなら、パフォーマンスの全項目が作用し合っているからです。その上でコーチはパフォーマンスを自分なりに分解することはもちろん、パフォーマンスのどの項目にアプローチするとどのような変化が起こるのかを見極めていくことが求められます。

「環境設定」

そして、トレーニングにおいて、「環境設定」が重要なキーワードとなります。人のパフォーマンスは環境に大きく左右されるからです。パフォーマンスのどの項目をいつまでにどれくらいの状態にもっていきたいのか、そのためにはパフォーマンスのどの項目をどのように負荷をかけるのか。「環境設定」を考えることこそ、**「トレーニング前局面」**においてコーチにとって最重要項目と言ってもいいかもしれません。

「環境設定」まで考えなければならないとなると、「どんな順番でどんなメニューをどれくらいやるか」だけを記載するだけではやはり不十分です。設定したゴールに向かって最適に過程を進んでいく、コーチやスタッフなど複数人でトレーニングを運営していくのであれば、メンバー全員が同じ認識で物事を進めることができるようなプランを作成しなければなりません。かつプレーヤーがトレーニングで成長を実感しなければいけません。ただ学びを得て終わるのではなく、成長を実感することができるかどうかが、トレーニングの良し悪しを決めます。プレーヤーがトレーニングの前後で成長を実感できるような構成をプランニングしていかなければなりません。そういう意味では「フィードバックのタイミング」と「トレーニングの難易度」、さらに、構成がどれくらい競技構造に当てはまっているかを考慮しながら練っていく必要があります。

ここ最近、「ゲームライクトレーニング」「ゲームセンス」「スモールサイドゲーム」という言葉をよく耳にします。現代スポーツにおいて「よりゲームに近い状況でトレーニングする」ことが求められている証拠でしょう。「環境設定」においても「よりゲームに近い状況」はキーワードです。なぜなら、パフォーマンスは個人の技能だけで構成されているわけではなく、個人と環境が組み合わさることによって発揮されるものだからです。日本では頻繁に「練習上手の試合下手」という言葉が使われます。なぜそのような状況が起きるのかと言えば、単純に「試合に近い環境でトレーニングをしていない」からです。

サッカーやラグビーでよく見られるのが、二人が向かい合ってパスを交換するトレーニングです。パスを出す際の身体動作を学ぶ上では有効かもしれません(個人的にはそれもあまり効果はないと考えていますが……)。しかし、それはあくまで「二人が向かい合ってパスを交換する」状態・状況でパスが上達する「環境設定」です。実際にパフォーマンスを発揮しなければいけない状況とは、つまり試合とはかけ離れている状況と言わざるを得ません。

では、試合に近い環境とは何でしょうか？　それはパフォーマンスを構成する項目である［戦術］と［心理］が含まれた環境です。では、どのように［戦術］と［心理］の負荷をかけていけばいいのでしょうか？　この部分こそコーチの腕の見せどころです。敵や周囲の環境（天候・風・観客の声など）といった「環境設定」をしていくのです。

近鉄ライナーズ（現・花園近鉄ライナーズ）でコーチをしていた頃、トレーニングの環境を以下のように設定したりしていました。グラウンドにスピーカーを持ち込み大音量で音楽を流し声が聞こえにくい状況をつくり、より細かく大きい声でコミュニケーションを取らざるを得ない状況にする、トレーニングの合間にフィジカルトレーニングを採り入れて心拍数を上げた状態をつくってスキルトレーニングを行う、などです。

もちろん、トレーニングで試合と同じ状況をつくることは簡単なことではありません。極論を言えば、それは不可能なことかもしれません。とはいえ、少なくともコーチがトレーニング環境として試合に近しい「環境設定」を行うことは必須です。それは「試合を意識してトレーニングしろ！」「ゲームをイメージしろ！」などの声掛けや意識に訴えるようなことではなく、具体的に考えられる環境的な要因や競技構造内に潜んでいるさまざまな環境をトレーニングの中に組み込んでいくということです。

テスト勉強や自動車教習所での運転に置き換えても同じことが言えます。いくら一人で部屋にこもって勉強したとしても、テスト本番では周囲に人がいることで緊張したり焦ったりします。自動車教習所でいくら運転技術を磨いたとしても、実際の公道を走るとこれまでにない状況判断が求められ、運転技術を発揮できなかったりします。それゆえ、学んだことをしっかり生かすために、パフォーマンスを発揮するために、それぞれ「模擬テスト」と「路上教習」が存在するのではないでしょうか。

前記したコーチのように、プレーヤーに試合の状況を意識することを求めても、実際の状況がなければ学べないことがたくさんあります。だからこそコーチは「いつパフォーマンスを発揮するためにトレーニングをしているのか」というゴールのイメージをもち、そのために必要な環境とは何なのかを考え、プレーヤーがトレーニング中に自然とゲームイメージをもってしまうような「環境設定」をプランしなければなりません。

「トレーニング前局面」の[CLOSING]

「トレーニング前局面」の目的は「トレーニングを行うために最高の計画と準備を行う」ことです。[CLOSING]では[BODY]のパートで立案した計画が最高の計画となっているのか、計画を遂行するための準備は整っているのか、を「レビュー」し「リハーサル」する作業が伴います。

「レビュー」

まずは「レビュー」について。苦労して考えたプランは原石と呼べるものです。原石は磨き上げて初めてダイヤモンドになり、その磨かれ方によって価値が何倍にも何十倍にもなります。プランも同様に、一度考えたプランをいろいろな角度から磨いていき、光り輝くダイヤモンドにする必要があります。

では、どのようにプランを磨いていけばいいのでしょうか？　ビジネス界でも用いられているさまざまなフレームワークを流用し、構造的に振り返ることで磨いていきます。

まず、振り返るべきものは「設定したゴールに対してすべてが紐づいているのか」です。プランを考えていると、どうしても「何を行うか」「何をどのように行うか」という視点になり、結果的にゴールとずれてしまっていることがあります。すべては「何を学び成長したいのか」という最上位概念に紐づけて物事を組み立てていく必要があるのに、目の前の作業に追われるとそもそもの目的を見失ってしまうのです。

せっかく考えたプランがそのようにならないために、フレームワークのひとつである「ロジックツリー」(図23)を用いてチェックすることを推奨します。自分たちが考えたプランはゴールに対してつながっているのか、なぜゴールにつながっていると言えるのかを説明できるのか。「ロジックツリー」を用いてトレーニングに含まれている要素を構造的に分解して俯瞰的に見てみると、かなり分かりやすいのでオススメです。

次に振り返るべきものは「実現可能性」です。「時間」「場所」「人数」「道具」などさまざまな観点から考えたプランは実現可能なのかをもう一度考えます。中でも落とし穴になりやすいのが時間です。コーチはなぜか時間は無限にあると勘違いしてしまうことがあります。プレーヤー

(図23)「ロジックツリー」

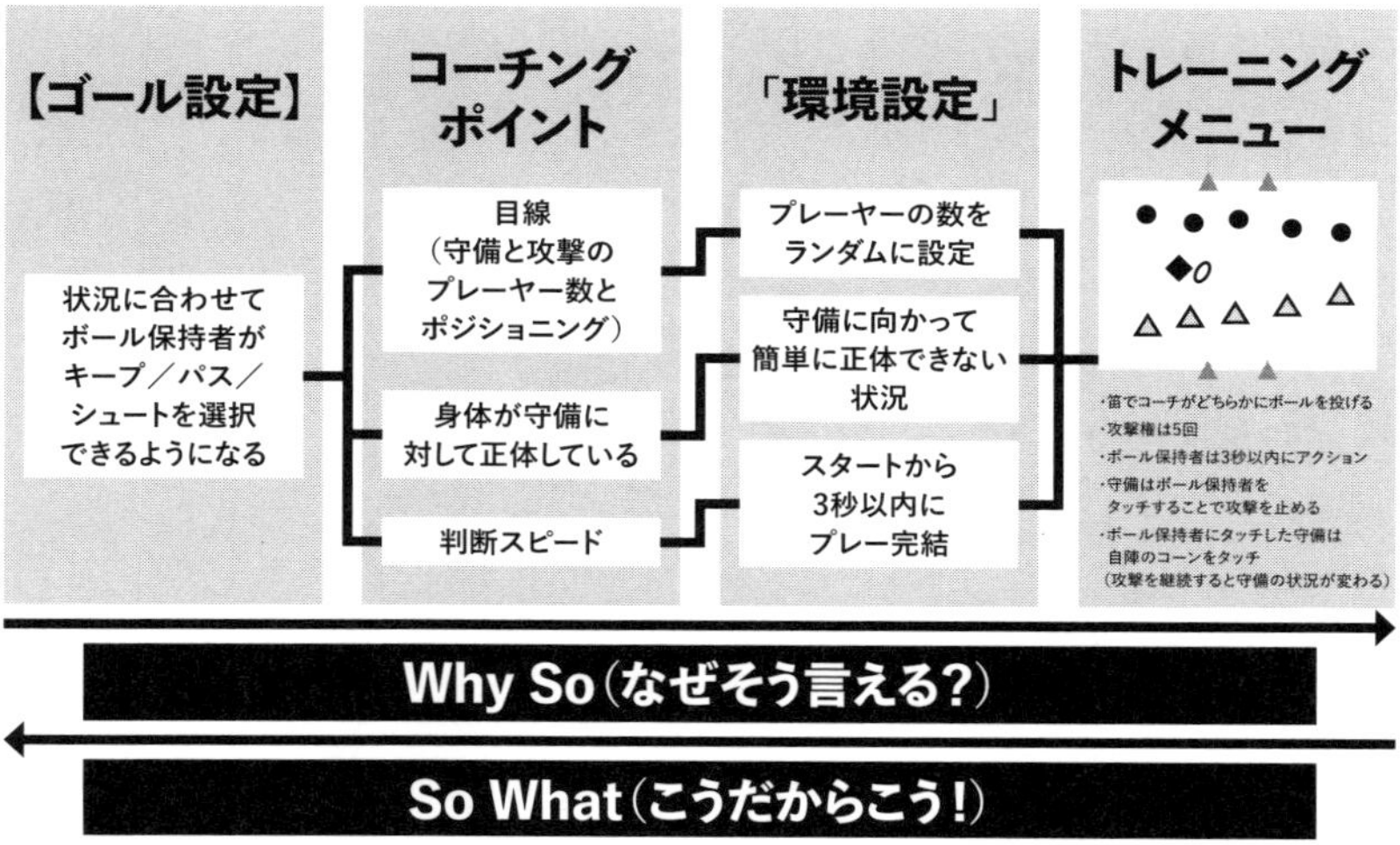

が移動する時間が一秒もかからないという妄想に陥ることもあります。限られたトレーニング時間の中で最大限の学びと成長をサポートしていく必要があるので、コーチは時間という概念を強く意識しておく必要があります。

例えば、「二時間のトレーニングを考えてください」というお題を出したときに、二時間きっちりのトレーニングを計画するコーチがいます。現実として二時間続けてトレーニングをやっているわけではなく、トレーニング中には水分休憩やメニュー間の移動、時には着替えが発生することもあります。

コーチは「トレーニング中に発生し得るすべての事象」を抽出し、それらを考慮した上でその時間は適切なのかを、導線面や環境面、メニューの強度面などからチェックする必要があります。さまざまな観点から「時間として実現可能なのか」をチェックしないと、そもそも実現不可能なプランだったと後から振り返ることになります。

その他にも「スペースは十分か」「安全面は十分に配慮されているか」「想定どおりに進まなかった場合はどうするのか」などさまざまな観点からプランを「レビュー」し、どの観点からどれだけ疑っても「目の前にあるプランが最高だ」と言える状態まで磨き上げましょう。その状態になっていればそれはきっと、世の中にあるどんなに美しいダイヤモンドよりも輝く最高のプランになっているはずです。

「リハーサル」

どれだけ磨き上げたプランだったとしても、言ってしまえばそれはあくまで机上の空論にすぎません。部屋の中でどれだけ揉んだところで、実際に実行してみると何かしらの違和感をもったり、逆により良いアイデアが思い浮かぶこともあります。であれば、机の上で考えたプランを一度「リハーサル」というかたちで実行してみるのもひとつの手です。もちろん、フルスペックですべてのメニューを「リハーサル」することは不可能なので、時間や規模、強度を縮小して行えばよいのです。

近鉄ライナーズでコーチをやっていたとき、私は「リハーサル」を行なっていました。コーチングスタッフと「リハーサル」することで机の上で考えるだけでは分からなかった問題点やアイデアが浮かび上がり、プランを修正したことも多々あります。逆に「リハーサル」をせずにトレーニングに入って想定外のことが起こり、苦労したこともありました。

コーチディベロッパーとしてさまざまな現場に行ったときにも「リハーサル」をしているチームはたくさんありました。グラウンドまでの距離が遠い場合は、コーチルームやミーティングルームの中で「リハーサル」をやることもありました。キャリアと実力があったとしても、プランを立てて終わりというわけではなく、「そのプランを実行することは本当に可能なのか？」「もっといいプランにブラッシュアップできないのか？」と、トレーニング直前まで考え抜き、さまざまな角度から「レビュー」し「リハーサル」する姿勢は、より良いトレーニングを行う上では必須であると感じさせられました。

＊＊＊

まとめると、**「トレーニング前局面」**の目的は「トレーニングを行うために最高の計画と準備を行う」こと。その目的を達成するために［OPENING］で前提を合わせ［BODY］でプランを練り［CLOSING］で「レビュー」する。時間はかかる上、面倒な作業ではありますが、最高のトレーニングを行うためには**「トレーニング前局面」**に時間と情熱をかけなければなりません。

「トレーニング中局面」

「トレーニング前局面」で「トレーニングを行うための最高の計画と準備を行う」ことができたら、次はいよいよトレーニング本番です。実際に人の学びと成長が起こるのはトレーニングをしている最中です。学びと成長を説明したパートで用いた「ツリーモデル」でも触れたように、木が成長するためには養分がたっぷりと詰まった豊かな土壌が必要です。質の高いトレーニングを行うことで、プレーヤーという木が豊かな土壌の上に育っている状態をつくることが、何よりも多くの学びを得るために、成長するために必要な要素です。

では、質の高いトレーニングにするためには、**「トレーニング中局面」**の構造をどのように考えていけばいいのでしょうか？　まず、**「トレーニング中局面」**全体のポイントは「Stay on the same page（同じページの上にいる）」ことです。要するに、コーチとプレーヤーが常に同じページの上で同じ絵を見てトレーニングを進めていくということです。

トレーニングを進めていく中で、時にコーチとプレーヤー、もしくはコーチ間、プレーヤー間で違うページを見てしまっている状態に陥ることがあります。それでは効果的なトレーニングを行うことができません。トレーニングをマネジメントしていく上で大切なことは「プレーヤーがトレーニングの時間内で最大限の学びと成長を得る」ことです。そのためには認識のすれ違いを少なくする必要があります。だからこそ**「トレーニング中局面」**においてコーチが最も気を遣わなければいけないポイントは「Stay on the same page」になります。

「トレーニング中局面」の［OPENING］

トレーニングを開始するときにはまず「これからトレーニングが始まるぞ！」というスイッチを入れる必要があります。これが［OPENING］の最大の目的です。スイッチを入れる上で必要なことはいくつかあります。

・コンディションの把握
・トレーニングの目的
・フォーカスポイント／コーチングポイント
・トレーニングの理解度

これらの項目について、トレーニングの場にいる人全員が「Same page」になることが重要です。［OPENING］の最大の目的は「スイッチを入れる」、さらに達成したいゴールとしては「全員がSame pageになっている状態をつくる」ことです。

コーチがプレーヤーのコンディションやトレーニングの理解度を正確に把握できていないと、

「〇〇の動きってこんなに鈍かったっけ？」

「さっき伝えたのに分かってないじゃん？」

となり、一方でプレーヤーはトレーニングの目的や「フォーカスポイント」の認識を合わせられないと、

「次はどこに行けばいいの？」

「さっきの説明が分からなかったからポイントが分からない」

となり、コーチとプレーヤーのお互いが本来抱える必要のないストレスを抱えることになってしまいます。そんな悲惨な状況を防ぐために、ライセンス講習会やコーチ研修会では、ある一定の型を伝えています。［OPENING］は以下のように大きく三つに分類しています。

一　注意を引き、状態を確認する
二　トレーニングについて簡潔に説明する
三　質問して［OPENING］で伝えたことの理解度を確認する（図24）

それぞれを詳しく説明していきましょう。

一　注意を引き、状態を確認する

二の準備の第一歩として、まずは注意を引きつける必要があります。プレーヤーの注意を引きつけるためにコーチは笛を使ったり、大きな声を出したり、逆にあえてずっと黙ったりするなど、普段とは違う刺激を入れます。プレーヤーの正面から日が当たらないように太陽を背負うかたちにするなど、同時に環境を整えてあげることも必要でしょう。

注意を引くことに成功したら次は状態を確認します。状態を確認することはトレーニングを行う上で前提となる作業です。人のパフォーマンスは環境に大きく左右されます。同じトレーニングを行うにしても、環境下によって発揮されるパフォーマンスは変わり、得られる学びと

(図24) ［OPENING］の3つの流れ

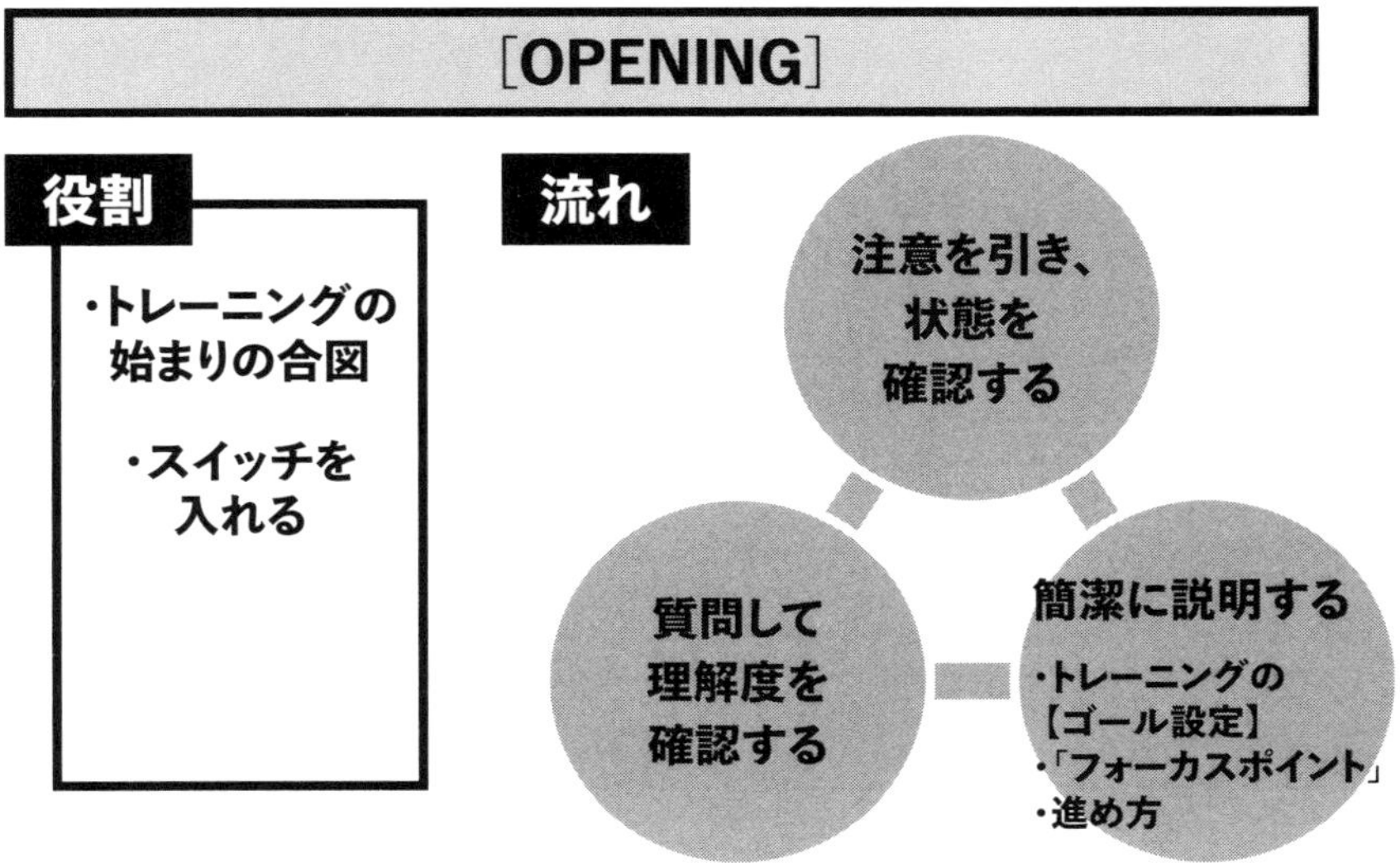

成長も変わります。

環境は二種類あります。「個の環境」と「周囲の環境」です。「パフォーマンスの構造」のパートでも触れたように、体調や心理的な状況など「個の環境」によってパフォーマンスは変わります。一方、天候や気温、グラウンドやコートの大きさ、ピッチの滑りやすさなど、「周囲の環境」によってもパフォーマンスは左右されます。これはスポーツに限った話ではありません。

自分自身もデスクワークをする際には体調やモチベーションなどの「個の環境」によって、その進捗や頭の中に入ってくる情報量と質は変わり、音声配信などの発信活動におけるパフォーマンスも変わります。さらに、デスクの広さ、サブモニターの有無、空調による気温のコントロール、コーヒーを淹れる環境の有無など、「周囲の環境」によっても作業のパフォーマンスが変わります。このように、スポーツに限らずすべての分野において「個の環境」と「周囲の環境」はパフォーマンスに影響します。

「個の環境」に関しては、プロチームであればトレーナーやメディカルスタッフから、プレーヤーのその日の体調やケガの状態についてレポートが入ります。一方でプロチームではない場合、トレーニング場に行って初めてプレーヤーの状態を確認しなければいけないということも十分あり得ます。「周囲の環境」についても同様です。芝生の状態が思ったより悪かったり、雨上がりの人工芝で床が滑ったりすると、トレーニングのインテンシティー（強度）を調整しなければならないかもしれません（そのあたりは可能であれば**「トレーニング前局面」**の「リハーサル」で解消しておきたいところです）。

さらに、トレーニング場に石が落ちている、周辺に電柱のようなぶつかる可能性のあるものがある、体育館のフロアに傷がついている……もしそのような危険な環境があるのであれば、そのエリアを避けたかたちでのトレーニングプランを余儀なくされるかもしれません。トレーニングを行う上では危険を取り除くことが大前提となるので、まずは**「トレーニング前局面」**で取り除いておきましょう。ただ、施設の建付け上、危険を取り除くことができない場合は、その環境をプレーヤーと共有することが必要です。

安全管理はコーチの責任です。スポーツはそもそも普段の生活ではかからない負荷を身体にかけるものです。スポーツには常に危険が潜んでいると言っていいでしょう。プレーヤーの体調に異変があれば、いくら良いトレーニングプランを立てていたとしてもプランを変更する必要があります。トレーニングプランを適切に行える環境にないのであれば、こちらもプランの変更が必要になります。

トレーニングの目的は「トレーニングプランを遂行する」ことではなく、あくまでも「プレーヤーの学びと成長を最大限引き出す」ことです。その日のトレーニングプランをいくら時間をかけて考えたとしても、**「トレーニング中局面」**の［OPENING］の時点で目的を達成できそうにない状態だとすれば、コーチはその時点でプランを変更しなければなりません。状態を確認することでトレーニングの効果を最大限に引き出すことができるので、【OPENING】ではまず状態を確認しましょう。

二　トレーニングについて簡潔に説明する

注意を引き、状態の確認ができたら、今度はこれから行うトレーニングについて簡潔に説明します。講習会などでは「トレーニングのゴール設定」「トレーニングのフォーカスポイント」「トレーニングの進め方」を説明するように伝えています。ただ、毎回その三つを説明する必要があるかと問われるとYESとは言えません。なぜなら、どこまで説明するかはその日の「トレーニングのゴール設定」「トレーニングのデザイン」によって変わるからです。トレーニングのゴールやポイントを伝えないほうが、プレーヤーの現状を把握できることも考えられるからです。繰り返すように、何をどれくらい説明すればいいかと言えば、それもやはりすべてが【ゴール設定】次第となります。そのゴールに向かって「必要なこと・必要な量を伝えること」を意識し、その上でなるべく簡潔にトレーニングの説明を行いましょう。

その際に注意しなければいけないことは伝え方です。コーチや先生、親の話が長いと何を話していたのか、話が終わる頃にはすでに忘れてしまっていることが多々あります。コーチの説明が長くなるとトレーニングのテンポが遅くなり、プレーヤーにスイッチを入れることを目的とする［OPENING］の意味が薄まります。さらに、身体が冷えてしまいケガのリスクが高まるなど、パフォーマンスが落ちる要因にもなり得ます。

そう考えると、言葉で説明するだけでは不十分だったり、説明が長くなりすぎて時間をロスしたり、伝え方によってプレーヤーの頭の中に残らないことは十分に考えられます。そこで、ホワイトボード、映像、デモンストレーションを用いて視覚的に伝えるなど、さまざまなアプローチを組み合わせることでよりプレーヤーの記憶に残るようにする工夫も大事な要素のひとつです。

三　質問して［OPENING］で伝えたことの理解度を確認する

この三つ目のパートは、多くのコーチが忘れてしまい、確認の仕方が適切ではない、そもそも実施しない、というパターンに陥りがちです。伝えることはあくまで手段です。なぜ、［OPNENING］でトレーニングの目的を伝えるのかと言えば、すべてはトレーニングの効果を最大限に高めるためです。伝えるだけでは意味がなく、あくまで「プレーヤーが理解し、行動できる状態」にもっていかなければなりません。プレーヤーの理解度を確認し、行動できる状態と確認できればそのままトレーニングへ移行し、もし理解不足の点があるのであれば補足する、もしくは理解不足という前提でトレーニングに移行します。

誰もが「伝えただけで伝わったとは限らない」ことは頭では理解しているはずです。例えば、人と人との間でコミュニケーションのエラーが起こったとき、その人たちに対してそのように伝えている方は多いと思います。しかし、自分が伝える立場になったとき、特にコーチとプレーヤーの関係性になったとき、この前提を忘れてしまっていることは多々あります。

コーチングの現場（もしくは会社内や家庭内などあらゆる場面において）で、以下のようなやりとりはよく起こります。

コーチ「俺が言ったこと理解できた？　ＯＫ？」

プレーヤー「はい！」

これは理解度の確認になっているでしょうか？　このやりとりがあった後に実際のトレーニングでうまく伝わっていない状況が起きると、決まってコーチはこう言います。

「さっき言ったのに！」

「さっき分かったって言ってたじゃないか！」

確かにそうかもしれません。しかし、プレーヤーは理解していたのでしょうか？　理解度を確認するための最大限の努力をコーチはしていたのでしょうか？　答えはＮＯです。そもそも答えが「はい」しかない質問になっていて、仮にコーチの説明を理解していたとしても何をどれくらい理解しているのかまでは分かりません。だからこそ三ではコミュニケーションの取り方、理解度の確認の仕方が非常に重要になります。より具体的に言えば、それは質問の仕方です。上手に質問するためのヒントは「コーチングの手法」のパートで紹介した「スポーツコーチングの四つの手法」の【ASK】で解説しているのでそちらを読んでください。

【OPNENING】では「最終的にWhatを使って質問する」ことがポイントです。【OPENING】で達成したいことは「全員がSame pageになっている状態をつくる」こと。そう考えると、「分かった／分かっていない」を確認するだけでは不十分で、「何をどれくらい理解しているのか」まで把握しなければなりません。そのためには「何を（What）」を用いて質問する必要があります。「俺が言ったこと分かった？」と「クローズドクエスチョン」で「分かった／分かっていない」を確認し、続けて「俺は何を伝えた？」と「オープンクエスチョン」で深掘りし、プレーヤーの頭の中を確認した上で次の行動を決断していく、といった具合です。

冒頭にも書いたように、「質問してOPENINGの理解度を確認する」ステップは、やっているつもりかもしくはやっていないパターンが多く、また、分かっていても時間がかかることを嫌ってあえて省いてしまうコーチが見受けられます。しかし、トレーニングのその後を考えれば、同ステップの重要性は身に沁みて分かるはずです。

＊＊＊

「トレーニング中局面」における［OPENING］をまとめると、トレーニングに向けたスイッチを入れる目的で「全員がSame pageの状態をつくる」というゴールを達成するために行います。そのゴールを達成するための三つのステップを理解して組み立てることでそのゴールは達成され、いよいよこの後に始まる実際のトレーニングへと向かっていきます。

「トレーニング中局面」［OPENING］のポイント

一　注意を引き、状態を確認する
↓「個の環境」と「周囲の環境」をチェック

二　トレーニングについて簡潔に説明する
↓ゴール、フォーカスポイントなどを説明

三　質問して理解度を確認する
↓伝えたことがどれくらい伝わっているかをチェック

「トレーニング中局面」の［BODY］

ここまでは実際に身体を動かす前にやらなければいけないことを構造的に説明してきました。ここからはいよいよ身体を動かしてトレーニングをする局面に入っていきます。「トレーニング中局面」における［BODY］の目的は「プレーヤーに経験を積んでもらう」ことです。そして、［BODY］においていて三つの流れを意識し、ぐるぐると回していくことが重要になります。［BODY］の三つの流れは以下のとおりです。

一　フォーカスしたポイントを［観察］し［評価］する

二　適切なフィードバックを行う

三　トレーニングを適切に変化させる（図25）

この三つの流れに沿って説明していきます。

「フォーカスポイント」を［観察］し［評価］する

［フォーカスポイントの観察］

ここまで繰り返し伝えているように、トレーニングは【ゴール設定】に紐づいてプランされ、実行していくものです。とはいえ、コーチはトレーニングを見ているとさまざまなポイントに気づいてしまいます。見えすぎてしまうゆえ、その日のトレーニングで最も学び成長してほしいポイントからずれ、必要のないポイントについてコーチングしてしまうことがあります。

しかし、それではトレーニングの効果が半減してしまいます。なぜなら、入念にプランされたトレーニングはあるゴールに向かって最適なかたちで組み立てられているのに、外れたポイ

（図25）［BODY］の3つの流れ

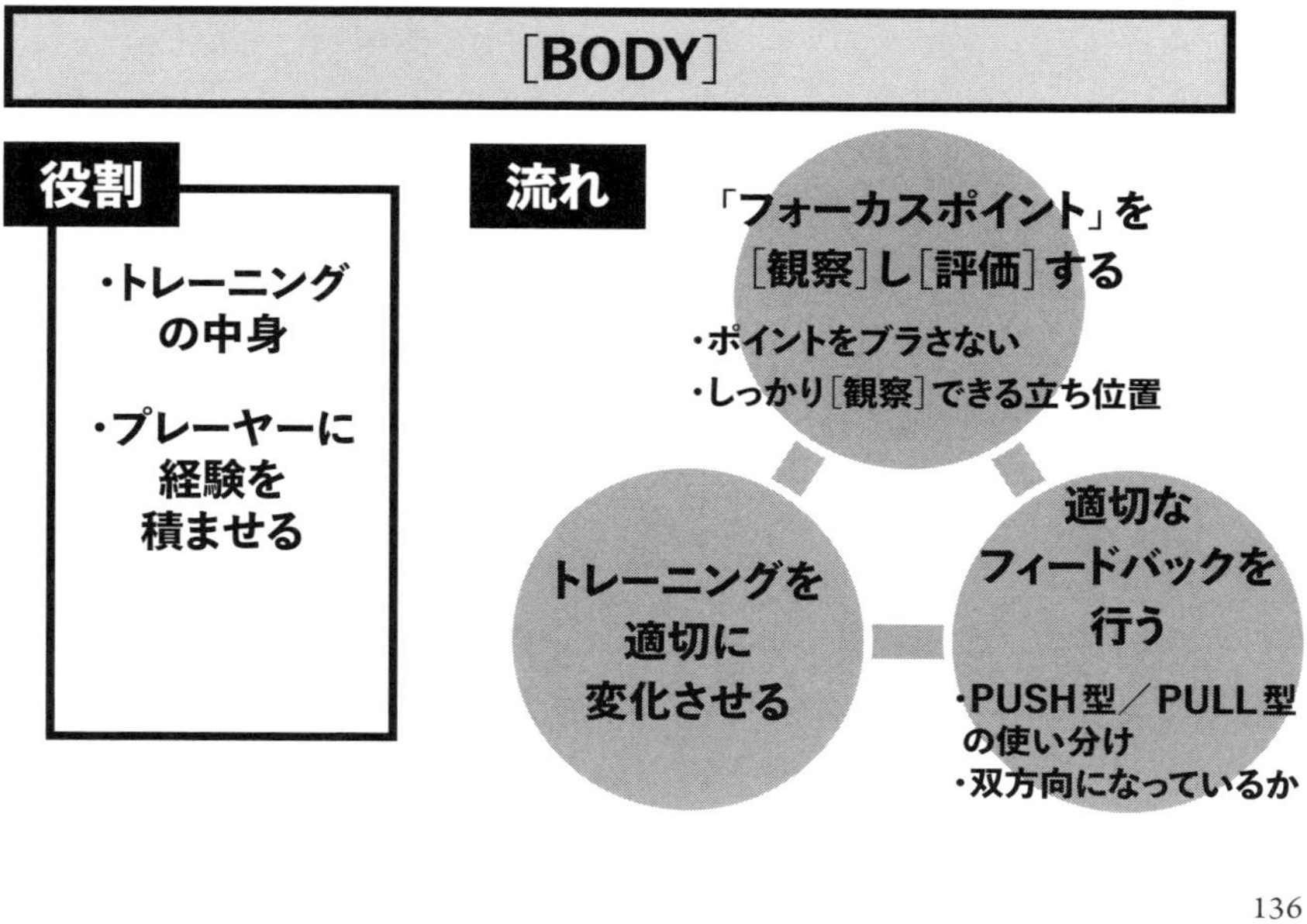
［BODY］
役割
・トレーニングの中身
・プレーヤーに経験を積ませる
流れ
「フォーカスポイント」を［観察］し［評価］する
・ポイントをブラさない
・しっかり［観察］できる立ち位置
適切なフィードバックを行う
・PUSH型／PULL型の使い分け
・双方向になっているか
トレーニングを適切に変化させる

ントをコーチングしてしまうと何のためのトレーニングかが分からなくなってしまうからです。だからこそコーチが意識しておかなければならないことは、「フォーカスしたポイントを忘れない」ことです。

その上で、設定したゴールに対して適切に［評価］できる位置から［観察］しなければなりません。確かにトレーニングの状況によって、必ずしも適切な位置から［観察］できない場合もあります。それでもコーチは可能な限り位置にこだわる必要があります。例えば、自チームのプレーヤー同士の距離感をフォーカスしているのに、敵プレーヤーと味方プレーヤーが被って見えない位置から［観察］しても、「フォーカスポイント」を［観察］することができません。

「コーチの役割」のパートでも述べたように、コーチには［観察］→［評価］→［支援］の機能を果たしていくことが求められます。［支援］するためには［評価］することが必要で、［評価］するためには［観察］することが必要です。［観察］はコーチが果たすべき機能の第一歩です。「フォーカスポイント」を見える位置から［観察］する。プレーヤー同様、ポジショニングの重要性はコーチにも通ずるものがあります。「フォーカスポイント以外はコーチングしない」「フォーカスポイントが見える位置から観察する」。当たり前のようですが、この二点にこだわることができるかが、プレーヤーの学びと成長に大きく影響します。

［フォーカスポイントの評価］

［観察］しただけで終わりではなく、次は**［観察］**したものを適切に**［評価］**します。**［評価］**にもいくつかポイントがあります。これも「コーチの役割」のパートで触れているように、ポイントは「評価基準の設定」「ドライに評価する」の二点です。評価基準の設定に関しても同パートで触れています。競技の構造からブレイクダウンしていき、設定したゴールに沿って考えることで、質の高い評価基準の設定が可能になります。

その上で、その評価基準に当てはめてドライに評価していきます。ただし、ここで注意しなければいけないことがあります。それは「結果の評価」と「過程の評価」を分けて行うことです。最終的な**［評価］**とは**【ゴール設定】**をもとに「できている／できていない」を**［評価］**し、最適な支援策を考え次のステップに進んでいくことです。ところが、結果は過程があって成り立つものです。結果的に「できていない」からといって、結果に至るまでの過程すべてが「できていない」わけではありません。だからこそ結果に至るまでの過程で「○○はできている」「△△はできていない」と、いわゆる「チェックポイント」を個別に評価していく必要があります。用語が多くなってしまったので一旦整理すると、ここで言う「チェックポイント」は「フォーカスポイント」と同義です。

ここで気をつけなければならないのは、先ほどと反対になりますが、「過程の評価」がいいからといって「結果の評価」がいいとも限らないということです。いくら過程が良かったとしても結果が良くなければ、コーチは「過程はいいけれど結果はダメ」と【評価】を下さなければいけません。時としてコーチは結果としては失敗ばかりしているのに、「過程の評価」に引きずられて「過程ができていたからＯＫ」とジャッジし、トレーニングを進めてしまうことがあります。これは本末転倒で、トレーニングはゴールに紐づいていることが大前提なので、最終的なパフォーマンスの【評価】は結果で【評価】しなければなりません。

以下に球技の事例を出します。

【ゴール設定】は「レシーバーがキャッチしやすいところに正確にパスを出せるようになる」こと、「フォーカスポイント」は「フォロースルーをキャッチしてほしいポイントに向ける」こと。トレーニングを進めていく中で、レシーバーのキャッチしにくいところにパスが投げられてしまいパスがつながらないのに、

「フォロースルーができているからＯＫ」

と【評価】し、そのままトレーニングを進めていき、最終的に、

「今日はいいフォロースルーができていたから良かった」

という【評価】でトレーニングを終えることがよくあります。一見、問題はなさそうに映りますが、**【ゴール設定】**は「レシーバーがキャッチしやすいところに正確にパスを出せるようにな

る」ことでした。いくら「フォーカスポイント」の「フォロースルーをキャッチしてほしいポイントに向ける」ことができていたとしてもゴールはそこではありません。最終的なトレーニングのゴール、学んでほしいところと成長してほしいところが変わってしまっています。最終的には「レシーバーがキャッチしやすいところに正確にパスを出せるようになる」ことというゴールに対して［評価］しなければならず「フォロースルーはできていたけれど、パスは正確に投げることはできていなかった。次は目線をレシーバーに向けてパスを投げてみよう」と、［評価］しなければなりません。

［フォーカスポイントの観察］で伝えたことと同様に、トレーニングはゴールに沿ってプランされているはずなので、そこがずれてしまうと効果が半減してしまいます。このように、「フォーカスポイント」について［観察］し［評価］する中で、「結果の評価」と「過程の評価」両方の［評価］を行いつつも、最終的には「結果の評価」を正確にジャッジすることがコーチにとって極めて重要であることは言うまでもありません。

二　適切なフィードバックを行う

これまでも何度も書いているとおり、［観察］と［評価］だけではコーチの果たすべき役割としては不十分です。適切に［観察］し、［評価］したことをもとにプレーヤーにより学びと成長をもたらすためにコーチはフィードバックを行う必要があります。

フィードバックの種類は大きく「シンクロ」と「フリーズ」に分けられ、それぞれ「コーチングの手法」のパートで紹介した「PUSH型」と「PULL型」の型で行うのが一般的です。シンクロとはプレーや実際に行っていることを止めることなくフィードバックする手法で、フリーズはプレーや実際に行っていることを一旦止めてフィードバックする手法です（図26）。どちらの方法が効果的かというものは存在せず、それぞれのメリットとデメリットを理解してより適切であると思われる方法を自分で決断し、使い分けることが求められます。

（図26）フィードバックの手法

フリーズ
＝
トレーニングを止めて行うフィードバック

メリット
・状況を再現できる
・基準を明確に示すことができる
・全員が共通認識をもちやすい

デメリット
・トレーニングのテンポが悪くなる
・悪いときばかり止めてしまうとプレーヤーの心理的負担が増える

ポイント
いつ、どんな状況でフリーズを使うのかプランをもっておく

シンクロ
＝
トレーニングを止めずに行うフィードバック

メリット
・トレーニングのテンポを落とさずにコーチングできる
・フィードバックが即時にできる

デメリット
・その瞬間を逃すとコーチングできなくなる
・応援や命令口調になりやすい

ポイント
・コーチングポイントを絞り込めているか
・事前に共通理解をプレーヤーともてているか

では、シンクロとフリーズどちらの手法でフィードバックすればいいのでしょうか？　それをＰＵＳＨ型とＰＵＬＬ型どちらで行えばいいのでしょうか？　どのような基準で判断していけばいいのでしょうか？　トレーニングの【ゴール設定】やプレーヤーの状況、プレー以外の環境要因などによって総合的に判断していきます。一般的には、トレーニングの序盤は基準を明確に示すためにフリーズした中でＰＵＳＨ型とＰＵＬＬ型を使い分け、トレーニングが進むにつれてシンクロの割合を増やしていきます。

ラグビー日本代表の監督を務めるエディー・ジョーンズ氏のコーチングを見学した際も、そのような流れでコーチングしている場面を何度も見ました。トレーニングの序盤は細かくトレーニングをフリーズして、基準を示しながらもプレーヤーたちに問いかけながらフィードバックを与えていました。プレーヤーとコーチとの間で「Same page」の状態をつくることに成功したとみるや、シンクロしながらポイントを伝えプレーとプレーの合間にある短い時間でプレーヤーに問いかけを行うようなコーチングが印象に残りました。

ただ、それが絶対の正解というわけではなく、それぞれのコーチのスタイルやプレーヤーの学びと成長に対して最適な方法は無数に存在します。例えば、止まっていると身体が冷えてしまうような気温が低いときはなるべくプレーを止めず、シンクロでフィードバックを与えＰＵＳＨ型を用い端的なフィードバックを行うことで止まっている時間を極力短くすることが必要になるかもしれません。また、速いテンポでトレーニングを進めたいプランだったときにはトレーニングのテンポを落とさず、意識的にシンクロのフィードバックを行う場合もあります。

加えて、どのようなかたちでフィードバックを行うかと同時に、フィードバックのタイミングや回数を考えることも必要です。ある研究によると、フィードバックを細かく与えすぎると短期的なパフォーマンス向上は見込めるものの長期的な視点で見たときに一度獲得したスキルの維持率は低くなる、逆にフィードバックの回数を制限すると短期的なパフォーマンスの向上率は少し落ちるが獲得したスキルの維持率は高くなる、という結果が出ています。

また、フィードバックを与えすぎるとプレーヤーがプレーの評価などについてコーチからのフィードバックに頼りすぎてしまい、自分で考えられなくなり言われないとできない状態になってしまいます。逆にフィードバックの回数が少なすぎるとプレーヤーはトレーニングの基準やポイントを理解することができず、短期的なパフォーマンスの向上率が下がって効果的に学ぶことができなくなってしまい、成長する機会を失ってしまう可能性があります。

同研究からも読み取れるように、フィードバックを数多く与えるか、あまり与えずに見守るかについても正解は存在しません。プレーヤーが自分で考え自分自身でプレーやパフォーマンスを内省する時間を担保することも大事で、トレーニングの基準やポイントに対して適切にコーチングすることも大事だということです。つまり、どんなタイミングでどんな方法でフィードバックを与えるかはすべて「手法」です。目の前にいるプレーヤーに何を学んでほしいのか、いつまでにどのようになってほしいのかという【ゴール設定】を明確にし、最適だと思われるタイミング、手法でフィードバックを行う必要があります。

三　トレーニングを適切に変化させる

これまで説明しているように、トレーニングの目的は「トレーニング時間内で最大限の学びと成長を得る」ことであり、決して事前のトレーニングプランどおりに進めていくことではありません。もちろん、プランを考える時点では、「最適だと疑っても疑えない状態」までプランを磨き上げていることが前提です。ところが、すべての現象は紙の上ではなくグラウンドやコートなどの現場で起こります。現場は台本どおりに進む舞台のようなものではなく（舞台も決して台本どおりに進むことばかりではないと思いますが……）筋書きのない舞台です。

もし、トレーニングが自分の想定の範囲を超えてしまう状況になってしまったら、トレーニング自体を適切に変化させていかなくてはなりません。想定の範囲にもさまざまなポイントがあります。想定よりもうまくいきすぎている、想定よりもうまくいっていない、想定よりも成果を得られない設定になっている、想定よりもプレーヤーが環境に慣れすぎている……。

【学びの三大原則】のパートでも話したように、人の学びには適切な失敗体験が必要です。適切な失敗体験とは何かと言えば、「ゴールに紐づいた失敗体験を四〇％くらいの割合」で経験してもらうことです。その指標を用いて目の前で行われているトレーニングが適切な学習環境になっているのかをコーチは**［評価］**し、もし適切ではないと判断したらトレーニングを変化させます。

また、人は刺激に慣れてしまう生き物です。基礎が大切だからといって毎日同じトレーニングを繰り返しても、毎日同じメニューでは慣れが発生し、「フォーカスポイント」が薄れてしまい惰性でトレーニングを繰り返してしまう危険性が高くなります。そのような状況にならないように、コーチはゴールが一緒だったとしても、プレーヤーにとってさまざまな刺激があるようなトレーニングをプランニングしなければいけません。トレーニング中においてプレーヤーがその状況やその設定に慣れてしまったと感じたら、メニューを変化させなければならないのです。

ユース日本代表のディフェンス全般のコーチングを担当していた時期の話があります。ディフェンスの基礎トレーニングとして毎回同じメニューを一〇分程度実施している期間がありました。最初のうちはプレーヤーも「フォーカスポイント」を意識してメニューに励んでいたものの、数回のトレーニングを重ねていくうちに五分も経過するとプレーヤーがそのメニューに慣れてきたことで、惰性でメニューをこなすようになりました。

その姿を見て、「プレーヤーのモチベーションと集中力のなさ」に原因を求めましたが、それは大きな間違いでした。単にプレーヤーが一〇〇％集中しなくてもメニューをこなせてしまう状態になっていただけのことでした。慣れに加えて適切な失敗体験もなく、プレーヤーにとって簡単すぎるつまらないトレーニングになってしまい、結果的にプレーヤーにとって学びが薄く成長のないトレーニングになっていたのです。

これはスポーツだけに限ったことではなく、学校や仕事でも同じことが言えます。同じような解ける簡単な問題だけをやっていても、逆に到底解くことのできない難解な問題をひたすら与えられ続けられてもモチベーションは湧きません。結果的に学びは得られず成長することも叶わないでしょう。

このように、プレーヤーもしくは学習者に対して適切な学習環境を整えることは、コーチとして果たすべき責任です。目の前の状況が適切な学習環境になっていないと【評価】したのであれば、その状況を適切に変化させる必要があります。ただ、繰り返し言うように、大切なポイントは大前提として【ゴール設定】をもとに切り口を設定し【評価】することです。現象そのものの【評価】ではなく、【ゴール設定】と現象をリンクさせた大局的な視点からトレーニングを変化させなければなりません。

＊＊＊

「トレーニング中局面」の【ＢＯＤＹ】では、この三つの流れを何度も回していくことで、プレーヤーが学びを得て成長するために必要な経験の質を高めていきます。

「トレーニング中局面」「BODY」のポイント

一　「フォーカスポイント」を［観察］し［評価］する

↓【ゴール設定】に沿った「フォーカスポイント」をチェック

二　適切なフィードバックを行う

↓［観察］［評価］をもとにフィードバック

三　トレーニングを適切に変化させる

↓常に適切な難易度でトレーニングを行うように状況に合わせてトレーニングを変化させる

「トレーニング中局面」の［CLOSING］

「トレーニング中局面」の［CLOSING］も重要な役割を果たします。［CLOSING］の目的は「経験を学びに変える」ことです。具体的なアクションとしては【振り返り】を行うことです。すでに触れているように、「人は経験したから学べるのではない」からです。経験を【振り返り】、そこまで重ねてきた経験を意味付けすることによって初めて学びが発生し成長へとつながります。

トレーニング中によくあるのが、「トレーニングをギリギリまでやりたい。もう一本やろう！」「時間がないから振り返りは各自でよろしく」というパターンです。もちろん、「経験をなるべくたくさん積ませたい」「少しでもたくさんプレーしてもらいたい」というコーチの気持ちは理解できます。ただし、トレーニングの目的はあくまでもプレーヤーの学びと成長にフォーカスされるべきで、「たくさん経験を積む」ことはその手段にすぎません。そう考えると、「あと一回プレーするよりも振り返りの時間を一分でも確保する」ほうがプレーヤーの経験を学びに変えることができるのではないでしょうか？

［CLOSING］の質を高めるための流れは以下の三つです。

一　全員にアウトプットの機会をつくる
二　他者からの視点を入れる
三　「Same page」で終わる（**図27**）

それではそれぞれを解説していきます。

一　全員にアウトプットの機会をつくる

冒頭でも述べたように、経験を振り返ることで学びが生じます。そう考えたときに、コーチが一方的にトレーニングのフィードバックを行って終わること、一部のプレーヤーだけが**【振り返り】**の機会をもつことは、さして意味がありません。トレーニングに参加したプレーヤー全員に振り返る機会を提供する必要があります。プレーヤーが二〜三人であれば**【振り返り】**の

（**図27**）**［CLOSING］の3つの流れ**

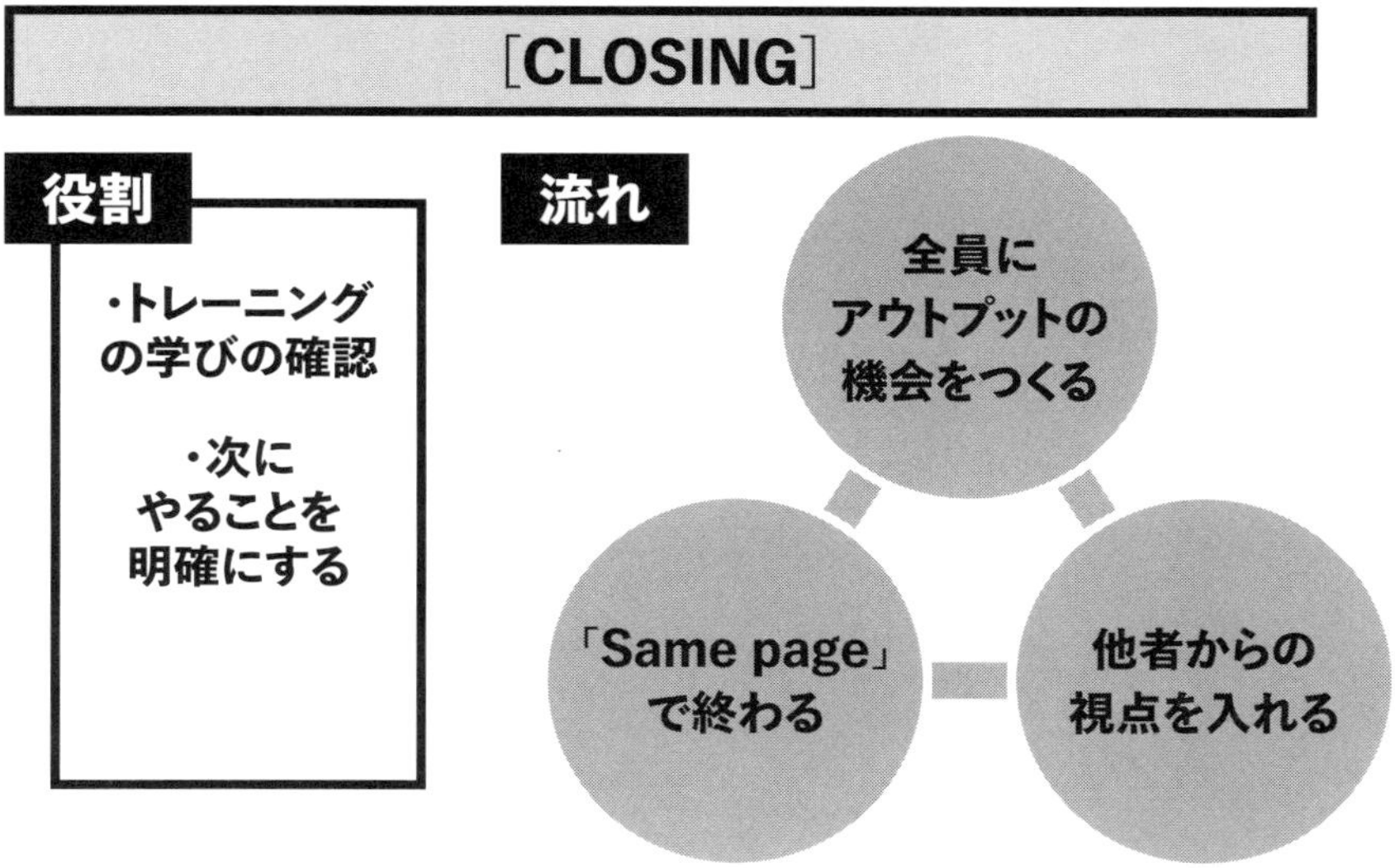

機会をつくることは容易かもしれませんが、参加するプレーヤーが増えれば増えるほど、**【振り返り】**の機会をつくることは難しくなります。

工夫のひとつとして、三人一組などの小さなグループをつくって話をしてもらうという方法があります。これは有効な方法で、**【振り返り】**を行うだけではなくその場のファシリテーション能力のトレーニングになるなど、さまざまな効果が期待されます。その際、コーチとして注意をしなければならないのは「お題の設定」です。全員に**【振り返り】**の機会をつくることに加えて、**【振り返り】**を通じて学びを発生させなければならないからです。**【振り返り】**のパートでも伝えているように、**【振り返り】**でより多くの学びを得てもらうためには、「振り返りのゴール設定」をもとに**【振り返り】**を高い質で行う必要があります。ただ何となく「じゃあ、三人組で振り返って」と**【振り返り】**を始めてしまうと、それぞれがバラバラの視点で話をしてしまい、結果として質の高い**【振り返り】**ができない確率が高まります。

グループワークを用いて**【振り返り】**を行うメリットとしては、全員が**【振り返り】**の機会を得ることができることとともに、「他者の振り返りを知ることで新たな学びを得ることができる」ことも挙げられます。そう考えると、**【振り返り】**も「Same page」で行うことがより多くの学びを得る上で重要なポイントです。それだけに「振り返りのゴール設定」は必要不可欠となります。

二　他者からの視点を入れる

【振り返り】を行う上で大切なポイントは「多様な視点から学びを得る」ことです。一でグループワークの効果として「他者の振り返りから新たな学びを得る」ことを伝えたように、同じトレーニングでも視点が変われば見えている景色も感じることも変わります。

自己認識の世界でも「内面的自己認識」と「外面的自己認識」のふたつがあるといわれています。自分の視点からだけでは見えていないことが多く、多様な視点から見えていることを理解することで物事の本質が見えてくるという意味もあります。トレーニングを終了する際も、その場にいる全員が「Same page」で終わることが非常に重要なだけに、他者の考えを理解することは切っても切り離せないものです。

ここで言う他者とはコーチのことで、すなわちプレーヤー全員が振り返った後にコーチの視点を入れること、となります。コーチはプレーヤーと違い、トレーニング自体をプレーヤーよりも俯瞰的に見れている可能性が高く、プレーヤー目線ではなくコーチ目線で見ています。その目線から見えた**【振り返り】**をプレーヤーに共有することはプレーヤーの学びを深める上で効果的です。プレーヤー同士の**【振り返り】**だけで終わるのではなく、コーチからの**【振り返り】**も伝えなければなりません。

ここでカギになるのは、順序です。先にコーチから「今日のトレーニングは○○だった」と**【振り返り】**を伝えてしまうと、プレーヤーはどうしてもそのコーチの**【振り返り】**に引っ張られてしまいます。その後にプレーヤー同士で**【振り返り】**を行ったとしても、その場では自分たちが感じていたことではないコーチのフィードバックに合わせた意見を言うようになります。**【振り返り】**の目的はあくまでも「経験したことから学びを得る」ことなので、まずは①プレーヤー同士の**【振り返り】**を行ってから②コーチのフィードバックを伝える、という順序を間違わないようにしましょう。

三「Same page」で終わる

「トレーニング中局面」の全体において「Same page」で進めることは必須条件と言えます。「コーチの役割」のパートでも述べたように、プレーヤーが効果的に学び成長してもらうために、コーチは適切に［**観察**］し［**評価**］し［**支援**］することが必要です。それらを適切に行っていくためには、コーチとしての能力はもちろん大事な要素です。しかし、コーチが超能力者でない限り、プレーヤーがトレーニングを通じて何を感じ学んだのか、トレーニングをどのように捉えているのかは、プレーヤーに話を聞かなければ分かりません。それはプレーヤーの立場も一緒で、コーチがトレーニングをどのように捉えているのかはコーチの話を聞かなければ分かりません。

［CLOSING］はトレーニングの終わりであり、次回のトレーニングの始まりでもあります。次回のトレーニングは今回のトレーニングの状況を踏まえてトレーニングを設計する場合がほとんどでしょう。コーチとプレーヤーのお互いの認識が合っている状態でトレーニングが終わらないと、次回のトレーニングをプランするときの出発点が変わってしまったり、トレーニングプラン自体が適切なものではなくなってしまう可能性があります。一、二のふたつのステップを通じてあぶり出されたお互いの認識を理解した上で、なおかつ今回のトレーニングで得た成果と課題、次回に向けて意識することを共通認識としてもってトレーニングを終えることが不可欠です。

＊＊＊

ここまで述べてきた「トレーニング中局面」における［CLOSING］の三つの流れを押さえることで、プレーヤーは同局面の［BODY］で積んできた経験からたくさんの学びを得ることができるようになります。ぜひ、この三つの流れを押さえて「トレーニング中局面」を終え、質の高い学びの場をつくり上げていってください。

「トレーニング中局面」［CLOSING］のポイント

一　全員のアウトプットの機会をつくる

→全員がトレーニングを振り返る機会をつくる

二　他者の視点を入れる

→チームメイト、コーチからの視点を得る環境をつくる

三　「Same page」で終わる

→全員が同じ認識でトレーニングを終了するために確認する

「トレーニング中局面」のチェックシート

局面	項目	内容	○	×	メモ
前提	【ゴール設定】	「誰の」「何が」「いつまでに」「どのように」が明確になっているか			
冒頭	環境チェック	周囲に危険なものが落ちていたりしないか			
[OPENING]	注意を引き、状態を確認する	・プレーヤーが話を聞ける状態になっているか ・トレーニングを開始できる状況になっているか			
	トレーニングについて簡潔に説明する	トレーニングの目的やポイント・進め方を簡潔に説明することができているか			
	質問して理解度を確認する	プレーヤーの理解度を「オープンクエスチョン」を用いて確認しているか			
[BODY]	「フォーカスポイント」を[観察]し[評価]する	・適切な場所から[観察][評価]しているか ・「フォーカスポイント」がブレていないか			
	適切なフィードバックを行う	・適切なタイミングでフィードバックしているか ・フィードバックの方法は適切か			
	トレーニングを適切に変化させる	トレーニングが適切な難易度で行われているか			
[CLOSING]	全員にアウトプットの機会をつくる	・参加者全員にアウトプットの機会があるか ・アウトプットしやすい環境設定ができているか			
	他者からの視点を入れる	・プレーヤー同士で学びを深める機会はつくれているか ・コーチからの目線を入れているか			
	「Same page」で終わる	参加者全員の認識が合っているかを質問を用いて確認しているか			
全体メモ					

「トレーニング後局面」

「トレーニング前局面・トレーニング中局面を終えた時点でもう終わりでは？」と思われた人がいるかもしれません。確かに、プレーヤーに学びを深めてもらう環境を設定し、実行することはそのふたつの段階で終わっているかもしれません。ただ、トレーニングをより質の高い学びと成長の場とするためには、最後の**「トレーニング後局面」**は欠かせない段階です。なぜなら、より良い学びと成長の場をつくるためにはコーチ自身が学び成長していかなければならず、トレーニング自体を振り返らなければプレーヤーに提供したトレーニングは本当に適切だったのか、本当にベストだったのかが分からないからです。

さらに、トレーニング中のコーチは自分の目でトレーニングを見ることしかできません。プレーヤーよりも俯瞰的な目線で見流すことができていたとしても、どうしても見えない部分はあります。現場で感じること・見えることと、時間を置いてから映像などで感じること・見ることとでは見え方は変わってきます。これらを総合的に考えても、**「トレーニング後局面」**がいかに学びと成長をより効率的・効果的に促すかという点において重要かが分かります。

「トレーニング後局面」の目的は、「次回のトレーニングへの準備」です。具体的に行うアクションとしてはやはり**【振り返り】**になりますが、「**トレーニング後局面**」についても、「OPENING—BODY—CLOSING」はそれぞれどのような役割があり、何を行うのかを説明していきます。

「トレーニング後局面」の「OPENING」

まずは、**【ゴール設定】**です。「**トレーニング後局面**」においで何を得たいのか、どのような状態で終えたいのかを設定します。それによって、一人で振り返るのか、複数人で誰と**【振り返り】**をするのかが変わってきます。一緒にトレーニング動画を見るのか、各自でチェックした上で意見を持ち寄るのかといった、「**トレーニング後局面**」をどのように「環境設定」し、進めていくのかが変わります。

「**トレーニング後局面**」の**【ゴール設定】**においてポイントになるのは「視点の置きどころ」です。「**トレーニング後局面**」でしか振り返ることができない項目がいくつか存在します。「トレーニング自体を振り返る」ことや「コーチ自身のコーチングを振り返る」ことなどが挙げられます。それぞれの局面において、その局面で学びたいことに応じたゴールを設定しながら丁寧に**【振り**

返り】を重ねることで、その場自体をより良い学習環境にすることができると同時に、次回のトレーニングをより良い学習環境にすることが可能になります。

「トレーニング後局面」の「BODY」

ここでは実際にビデオなどを用いて、俯瞰的な視点から「**トレーニング後局面**」の**【ゴール設定】**をします。例えば、「トレーニングが学びの構造として適切なものであったのか」「プレーヤーの現在地はどこにあるのか」「自分のコーチングは適切だったのか」を**【振り返り】**、「より良いトレーニング環境の構築のためにコーチ自身が学びと成長を得ること」などを目的としてトレーニング全体を**【振り返り】**ます。

この局面で重要なことは「トレーニングを俯瞰的に見る」ことです。俯瞰的に見ていく上で必ず押さえておかなければいけないポイントは、「トレーニングが適切な学びの環境になっていたか」をチェックすることです。「適切な学びの環境」とはどのような環境かというと、「トレーニング中局面がゴール設定とリンクしている」ことです。その中でも特に重要なのが、「ゴール設定と振り返りがリンクしているか」という点です。

もちろん、**【振り返り】**を行う中で、設定したゴールとはまったく違うポイントについての学びが発生することはあります。とはいえ、そもそも多くのコーチは、その日、そのときのトレーニングの中で学んでほしいこと、何かしらのゴールがあってトレーニングを計画し実行しているはずです。その中で、学んでほしいポイントについて**「トレーニング中局面」**の［CLOSING］で**【振り返り】**を行わなければ「そもそも何のためにトレーニングを行ったのか」が分からない状態になってしまい、学びの場の構造として適切なものとは言えません。「トレーニングの構造として適切な学びの環境になっていたか」を振り返ることは非常に重要なポイントになります。

もうひとつ大切なポイントは「正しい現状把握」です。**「トレーニング中局面」**の［CLOSING］のパートでも述べたように、正しく現状を認識し、そこから学びを得て成長するためには「内面的自己認識」と「外面的自己認識」のふたつが必要です。それをもう少しブレイクダウンして考えると、「主観」と「客観」と「俯瞰」の三つの観点が必要になります。当然とはいえ、それぞれの観点からは見えるものが違います。

「トレーニング前局面」と**「トレーニング中局面」**でも**【振り返り】**を行ってきましたが、より良い学習環境を整えるためには**「トレーニング後局面」**での**【振り返り】**が最も重要と言っていいでしょう。その理由は、実際にトレーニングをやった後でしか、そのトレーニングからの学びを得ることはできないことと、俯瞰的な目線からトレーニングを見ることができること、にあります。そもそもトレーニングを実施する前にトレーニングのことは振り返ることはできません。いくらトレーニングにおいてコーチはプレーヤーよりも俯瞰的な目線で起きている現象を見ることができるといっても、あくまでもそれは「主観」です。プレーヤーからフィードバックをもらったとしても、それはあくまで「客観」です。それらを総合的に合わせてもう一歩引いた目線から見たときにどのような状況だったのかを【観察】することで、プレーヤーにとって学習環境として本当に適切だったのかを【評価】することができ、より良い学習環境の構築やトレーニング中のコーチングなど、プレーヤーにとって適切な【支援】を行えるようになります。

また、プレーヤーにより良い学びを提供するためにはコーチ自身の学びと成長が不可欠です。コーチ自身が「**トレーニング後局面**」において、自分自身のコーチングにフォーカスしてトレーニングを振り返ることによってコーチ自身が学びを得ることができ、コーチが成長することでプレーヤーにより良い学習環境を提供できるようになります。学びと成長は一回のトレーニングで爆発的に起こるものではなく、継続することでプレーヤーは徐々に学び成長していきます。そう考えると、「**トレーニング後局面**」でトレーニングをもう一度振り返ることがいかに重要な作業かは理解できるのではないでしょうか。

具体的な【**振り返り**】の方法についてはここまでもう十分すぎるほど説明してきました。【BODY】では「視点を変える」、特に「俯瞰的な目線」から【**振り返り**】のゴールに合わせたフレームを用いてトレーニングを振り返ることが重要です。

「トレーニング後局面」の［CLOSING］

「トレーニング後局面」の［CLOSING］では、「振り返りの振り返り」を行います。【振り返り】の質を向上するためには「振り返りを振り返る」しかありません。「何回振り返りをやればいいんだ」と思うかもしれませんが、この局面で最後にもう一度【振り返り】を行うことでトレーニングから得られる学びはより多くなります。同じ【振り返り】のアクションでも、ゴールを変えれば得られる学びは変わります。

この局面では、「振り返りの質はどうだったのか」を振り返ることをゴールとするので、【振り返り】の構造自体がどうだったのかにフォーカスして振り返ることが重要です。そもそも【振り返り】のゴールに対して適切な「環境設定」になっていたのか、適切なフレームを用いていたのか、より良い【振り返り】の切り口はなかったのか、より良い【振り返り】にするにはどうしたらいいのか……。【振り返り】を振り返るだけでも、さまざまな切り口から【振り返り】を行うことができます。

実際に、私がサポートしていたコーチで、毎日ノートにトレーニング内容とプレーヤーの学びについての**【振り返り】**、そして、自分のトレーニングに対する準備、トレーニング中のコーチングや長期プランからその日のトレーニングのつながりについての**【振り返り】**を記入しているコーチがいました。そのノートを見るだけでもかなり質が高い**【振り返り】**をしていることが見て取れるものでしたが、そのノートをもとに定期的に私と1on1を行い、その**【振り返り】**自体を振り返ることを繰り返していました。すると、そのコーチの**【振り返り】**の質が一年間で飛躍的に向上し、結果的にコーチとしても目に見えて分かるほど成長を遂げました。結果的に「素晴らしいコーチ」になったことは言うまでもありません。

他にもある競技のプレーヤーに対して同様のサポートを実施していた時期がありました。プレーヤー自身にトレーニングを振り返ってもらい、その**【振り返り】**を振り返るという作業を繰り返すことで、結果的にプレーヤーとしても結果を残した事例もあります。このように、**【振り返り】**を振り返って一回のトレーニングを振り返ることで、そのトレーニングがより良い学びの場になっていきます。ぜひ「**トレーニング後局面**」の［CLOSING］まで嫌がらずにプロセスとして踏んでいってください。

＊＊＊

ここまで、「トレーニングの構造」としてトレーニングを「**トレーニング前局面**」「**トレーニン**

グ中局面」「トレーニング後局面」の三局面に分類し、さらにそれぞれを「OPENING」「BODY」「CLOING」に分けて考え、説明してきました。トレーニングを構造的に捉え、それぞれの局面の目的とアクションを明確にすることで初めてコーチとしてプレーヤーに対して、より良い学びと成長の場を提供することが可能になります。いろいろと細かく考えていく必要があるにせよ、大切なことは「競技構造の理解」と**【ゴール設定】**と**【振り返り】**です。

何のためにトレーニングをするのかと言えば、その競技においてパフォーマンスを発揮するためです。パフォーマンスを向上させるために何をゴールとしてトレーニングをするのか、そしてトレーニングを経て得た経験を、**【振り返り】**によっていかにより良い学びへと変換することができるかがトレーニングをする目的です。細かいことを考えすぎてしまうと、どうしても目の前のメニューをどうするのか、目の前の現象をどう解決するのかに視線がいってしまいます。あくまでそれが競技のどこの部分につながっていることなのか、そもそもの目的は何なのかを忘れないようにしましょう。

この考え方はスポーツに限ったことではありません。勉強にしても仕事にしても、車の運転にしても料理にしても、人が学び成長するということにおいてすべてで共通する考え方です。「トレーニングの構造」をスポーツ以外の分野にも当てはめて考えてみることで、より良い学びを提供できるようになるかもしれません。

第三章

「素晴らしいコーチ」の構造

「素晴らしいコーチ」とは何か？

ここまで人が学ぶとはどういうことか、そして、学びを生み出すための構造やコーチの役割などについて説明してきました。プレーヤーの学びをより引き出すためには、コーチが学びとトレーニングの構造を理解し、トレーニングの環境を整えるだけではなく、コーチ自身がプレーヤーにとってより良い学びの環境のひとつとなることも求められます。なぜなら、コーチという存在はプレーヤーに能動的に働きかけることができ、最も強い影響を与えられる環境にいるからです。

我々コーチはプレーヤーにとってより良い環境になるために学び成長し続けなければならない責任と義務があります。本章では、コーチ自身が成長していくために何が必要なのかを構造的に分解して解説していきます。

コーチを構成する要素

コーチはさまざまな要素の集合体から成り立っています。ＩＣＣＥ（国際コーチングエクセレンス評議会）

が二〇一三年に「コーチに求められる知識と機能」について**図28**のような要素を提示しました。この図を見ても分かるように、コーチはコーチングの対象として子どもから大人まで、パフォーマンスレベルとしても初心者からハイパフォーマンスアスリートまでをカバーします。さらに果たすべき機能として単に「対象者を指導する」だけではなく、そもそものビジョンや戦略の策定から環境整備、そして学習を促しながらも現場で起きる状況に対して臨機応変に対応していかなければなりません。コーチという存在は実に多岐にわたり、さまざまな機能を果たさなければならない存在です。

また、知識としても単に競技のスキルや戦術に関する知識やコーチングに関する知識、あるいはスポーツ心理学や栄養学など、いわゆる専門知識を知っていればいいというわけではありません。他者を理解する「対人知識」、自分自身を正しく認識する「自己理解知識」、そして何より中心に据えられているコーチング活動の中心となる「価値観や哲学」がなければ、場当たり的なコーチングになってしまい、効果的なコーチングを行うことはできません。

同図を見たときの私なりの解釈になりますが、「専門知識」は「対人知識」「自己理解知識」「価値観や哲学」という土台の上にあって初めて意味をなすものです。いくら専門知識があり、その知識について詳しく述べることができたとしても、それでは解説者や評論家と一緒になってしまいます。私たちはコーチです。コーチはその知識を使って目の前にいるプレーヤー、もしくは学んでほしい相手に対してより質の高い学びと成長を提供するのが仕事です。

そう考えると、そもそもコーチングはコーチとプレーヤー、もしくは学習者がいて初めて成り立つもので、「相手にいま必要なことは何なのか」「相手の理解度はどれくらいなのか」など、プレーヤーや学習者とうまくコミュニケーションを取りながら、相手のことを知る知識やスキルが求められます。「自分に何ができて、何ができないのか」「自分自身はどのように見られているのか」など、自分自身を正しく認識する知識やスキルが必要です。さらに自分がどのようにコーチングを行うのか、物事の判断や決断など、行動の指針となる価値観や哲学があるのかが土台であり、それがなければいくら専門知識に長けていたとしてもそれでは不十分だということです。

多くのコーチが専門知識、それもコーチングスキルや心理学などではなく、競技のスキルや戦術を重視する傾向にあります。もちろん、それは否定されることではありません。その知識がなければ実際にプレーヤーに対して競技パフォーマンスを向上するための学習環境の提供はできません。第一章「コーチの役割」のパートでも触れたように、コーチの役割は「プレーヤーを目的地へ導く」ことです。その役割を果たす上でさまざまな要素があり、それらの集合体で成り立っていることを理解しておくことが必要でしょう。

（図28）「コーチに求められる知識と機能」

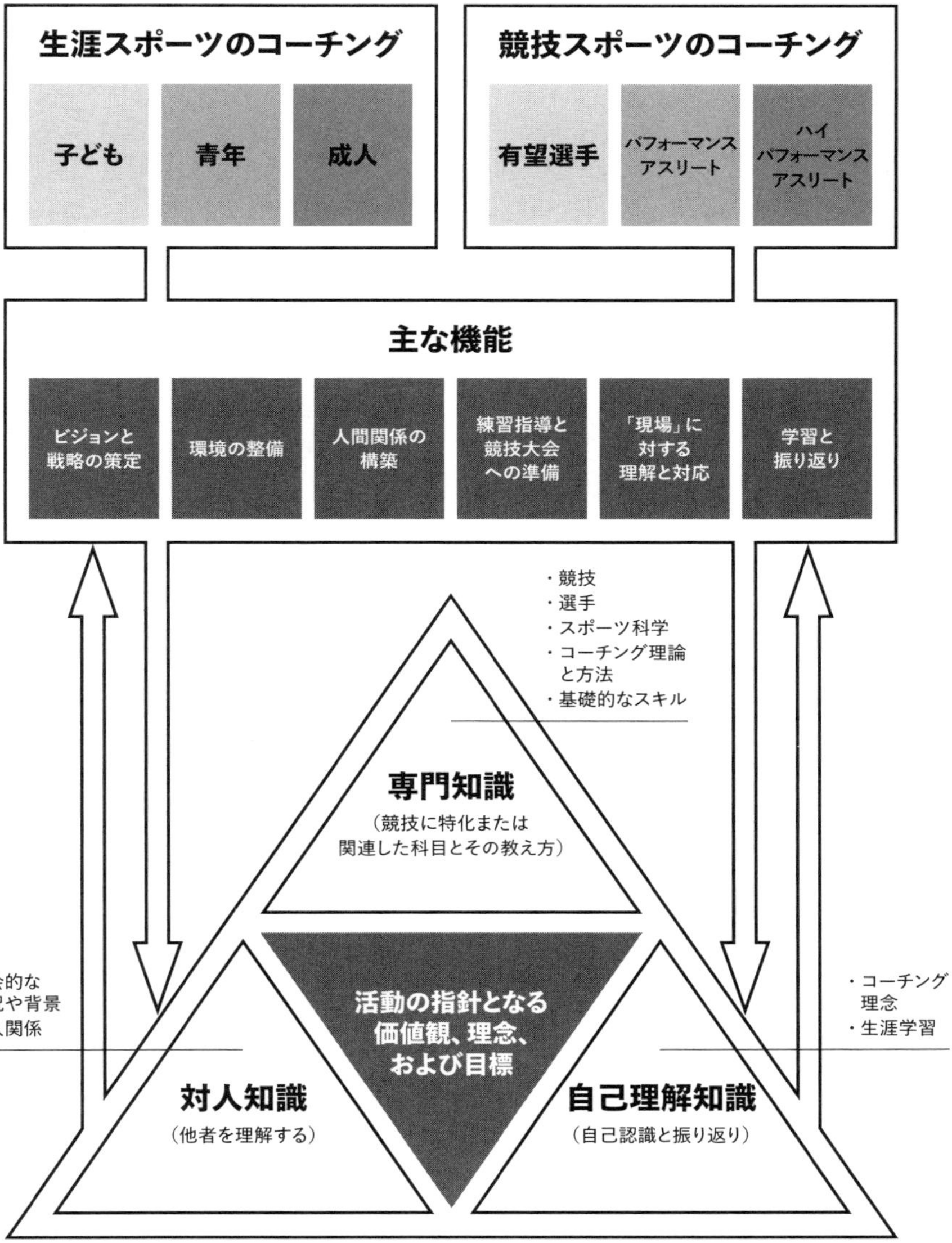

※国際コーチングエクセレンス評議会（ICCE）スポーツ・コーチングに関する国際枠組み 第1.2版
（出典：平成26年度コーチ育成のためのモデルコアカリキュラム作成事業報告書：P.109公益財団法人日本体育協会：2015）

勝ち続けているコーチの特徴

世の中では数え切れないくらいのコーチが活動していて、「素晴らしいコーチ」はそれこそ星の数ほどいます。しかし、結果を残し続けているコーチはそう多くはありません。そのようなコーチがなぜ世界で勝ち続けることができているのかは誰もが気になるところでしょう。物事は何でもそうだと思いますが、「やる」と「やり続ける」の間には大きな壁が存在します。それと同様に、「勝つ」と「勝ち続ける」の間にも大きな差があります。その差は一体何なのか。スポーツ界では常に議論され続けてきたことでした。

「勝つ」ことの定義は人それぞれだと思いますが、本章では「ハイパフォーマンスレベルで成果を出している」ことと定義し、そのレベルで結果を出し続けているコーチの特徴について、「Serial Winning Coaching（mallet&Lara-Bercia;2016）」の研究をもとに、私の視点を加えて紹介します。同研究はオリンピックや世界大会で複数回優勝経験をもつコーチを対象にしたもので、世界の舞台で勝ち続けるコーチのもつ共通の特性を明らかにしたものです。当然ながらさまざまなタイプのコーチがいる中で、結論としてそれでもいくつかの共通点が見つかりました。

共通する特性としては以下の四つが挙げられます。

一　明確なビジョンと哲学
二　環境適応力
三　利他主義
四　学習意欲

では、それぞれを詳しく説明していきましょう。

一　明確なビジョンと哲学

単純に勝つことを目的とせず長期的な成功を見据えたビジョンをもち、ビジョンをプレーヤーやスタッフなどチーム全体に共有し、チーム全体の軸をつくっています。かつ自分自身のコーチング哲学をしっかりと確立し、その哲学を日々のコーチングや戦略に反映させています。そもそも「勝つ」という結果は相手がいて成り立つものです。スポーツの世界でよく言われる「相手のことはコントロールできない」。であれば、結果も自分たちでコントロールできるものではありません。つまり、自分の哲学とビジョンをしっかりともち、それをもとに自分たちがコントロールできることに集中することでベストパフォーマンスを発揮することにフォーカスできるかどうかが、結果的に勝ち続けるために重要な要素であり、スポーツの世界において勝ち続けているコーチたちの特徴として挙げられます。

二　環境適応力

スポーツは環境が常に変化します。それはいま目の前で起きている状況だけではなく、ルール変更やライバルチームの戦略、プレーヤーの成長や引退など、さまざまな要因によって引き起こされます。スポーツの世界で勝ち続けるためには、状況や環境の変化に対応できる柔軟性や適応力をもっておかなければなりません。同研究対象者のうち、九五％以上のコーチが「変化への対応力が成功へのカギ」と回答しており、戦術的な柔軟性が持続的な成功へのカギであることが示されています。

三　利他主義

同研究の中で勝ち続けているコーチの特徴として「プレーヤーの成長や育成、目標達成のための気持ちが強い」という傾向が出ています。自分自身の成長には意欲的でありながらも、自分の成功ではなく自分がプレーヤーのために自分がコーチングをするんだ！　という強い責任感をもっているることが勝ち続けるコーチの特徴のひとつとして示されています。以前、私がある世界的に有名なコーチと話をしたときに、そのコーチは「私はプレーヤーの奴隷だ」という表現をしていました。自分はプレーヤーが成長するためには何でもする、いくらでも働く、という意味でそのコーチは言っていたように解釈しましたが、まさにそのような利他の心があるからこそ、結果を残し続けているのだなと感じたことをいまでも鮮明に覚えています。

四　学習意欲

同研究結果によると、勝ち続けるコーチは常に学び続けていることが分かりました。自分自身の成長に対して強い好奇心をもち、学習意欲が旺盛で、本をたくさん読む、という報告がありま す。また、学習機会として、「フォーマルエデュケーション」と呼ばれる大学教育と「インフォーマルエデュケーション」と呼ばれるセミナーやクリニック、他者との会話や現場での経験をどちらも経験していることも指摘されています。

当たり前の話かもしれませんが、勝ち続けるコーチになるためには、向上心をもち実際にさまざまな学習機会を求めて行動し学び続けることが重要だということです。その中で、単純に目の前の勝ちだけを求めるのではなく、自分自身の哲学をしっかりと確立し、長期的な成功へのビジョンをもってチームに示すこと、刻々と変わっていく状況に対応する柔軟性をもちながらプレーヤーのために働くことができる。そんな特性をもっているコーチが世界で勝ち続けているコーチの特徴です。

＊＊＊

そして、もうひとつ忘れてはならないポイントがあります。それはプレッシャーです。世界で勝つということは、それだけ大きな舞台で戦い続けているということです。世界で戦うということは、多くの人々から期待を背負うだけではなく、大会に向かう過程で発生するメンバー選考やスタッフとの関係性など、さまざまなプレッシャーと向き合うことになります。と同時に、例えば家族と過ごす時間やプライベートな空間や時間など、多くの犠牲を払うことになります。コーチとして向き合わなければならないプレッシャーをしっかりと理解し、それらと向き合う覚悟と術を兼ね備えていることも、世界で勝ち続けるコーチが共通してもっている特徴です。

私が見てきた「素晴らしいコーチ」の特徴

私はこれまで述べ三〇〇〇人を超えるコーチと接する機会があり、多くの「素晴らしいコーチ」と接してきました。「素晴らしいコーチ」と接している中で、「素晴らしいコーチ」には共通しているポイントがあることに気がつきました。最後に「素晴らしいコーチ」の特徴として四つの共通点を紹介します。

一　自分を知る力

プロスポーツの世界で結果を出しているコーチに「初めてコーチングするチームでコーチングする際に最初に考えることは何ですか？」と質問をすると、多くの場合「まずは自分を知る」ことという回答が返ってきます。これは「これからコーチングを行う自分のチームのことを知る」ことではなく、「自分自身がこのチームに来ることによってどんなプラスをもたらすことができるのか」、そして、「自分に足りていないことはどんなことなのか」を知るということです。自分自身がこのチームに来ることでどんなプラスをもたらすことができるのか、このチームに対して出せる価値とは何なのかを考えることを、まずは徹底しているのです。

その際、大切になるのが自分の価値観や哲学をしっかりともっていることと、自分のスキルセットを理解していることです。その中でも、本章の冒頭でも説明した「コーチに求められる知識と機能」の中で中心に据えられていた「行動の指針となる価値観や哲学」に定期的に向き合い、言語化する作業を「素晴らしいコーチ」は共通して行っています。

スポーツの世界に限らず、世の中において「これが唯一絶対の正解」と呼べる答えや選択肢は存在しません。絶えず、その無数にある正解や選択肢の中から何かを選び、決断し実行することがコーチには求められます。行動を決断するためには決断するための基準が必要で、それが価値観や哲学になります。「素晴らしいコーチ」は自分の価値観や哲学を理解しているコーチとしての一貫性があり、ブレることなく決断し行動し続けています。

また、プレーヤーとチームに対してより良い学びと成長を提供する上で重要なことは「環境設定」です。コーチはプレーヤーやチームにとって影響力の強い環境要因なので、自分がどのような環境なのかを知り、「自分という環境」ではより良い学びと成長を提供できない領域があるのであれば、その領域において最適な環境を整える責任があります。そんな環境を整えるためには「自分がどんなプラスをもたらすことができるのか」と同時に「自分に足りないことは何なのか」を理解する必要があります。

また、この後に紹介する要素にも共通している部分ではありますが、「素晴らしいコーチ」は常に学び続けています。学び続ける上で重要なことは「何を学ぶか」を理解することです。何を学ぶかを定める上で、自分は何が得意で何が苦手なのか、自分は何が好きで何が嫌いなのかを把握するということです。

そのような意味でも、「素晴らしいコーチ」は「自分を知る力」に長けている特徴があります。「自分を知る力」がない、もしくはその努力をしないコーチはうまくいかないことが発生したときに矢印を自分に向けることができず、矢印を外（プレーヤーと環境）に求める傾向にあります。コーチ自身が学び成長していくためには、常に矢印を自分に向け、分析する必要があります。それを可能にするためにはまず初めに自分を知ることが一丁目一番地となります。

二　他者を頼る力

コーチに求められる要素は多様で、「素晴らしいコーチ」はコーチという側面だけではなく、優秀なマネージャーという側面をもっています。それは、チーム運営やコーチングにおいて、自分ですべてを完結しようとせず、他者に頼るのが非常に上手だということです。私がこれまでコーチとして一緒に戦ってきた監督の中で、いわゆる結果を出してきている監督は例外なく上手に他者を頼っていました。

例えば、私が早稲田大学ラグビー蹴球部でコーチのキャリアをスタートしたときの監督だった清宮克幸氏は監督在任五年間で三度の日本一を獲得、最終年度には社会人の名門・トヨタ自動車ヴェルブリッツ（現・トヨタヴェルブリッツ）を撃破（学生チームがトップリーグのチームに勝ったのは史上初めて）するなど、名実ともに名将と呼ぶに相応しい成績を残しました。清宮氏の世間的なイメージは、カリスマ性があり、グイグイと周りを引っ張るタイプで、他者を頼らないといったところでしょうか。実際はそうではなく、チームの目標や方向性、戦略などに対して自分が弱い領域を適切に把握し、弱い領域においては専門家を招聘して強化するなど、上手に周囲を巻き込みながら結果としてチームとプレーヤーを成長へと導いていました。

他にも、高校ラグビーや中学ラグビーのコーチで、転勤になっても転勤先の学校を常に成長へと導き続けているコーチもいます。そんなコーチたちも、例外なく自分一人の力に頼らず、自分の周りにいるコーチを上手に頼りながら素晴らしい組織をつくり、その結果としてチームとプレーヤーを成長へと導いています。これらは一例ですが、他にもこれまで出会った「素晴らしいコーチ」は例外なく他者を頼ることが非常に上手でした。

とはいえ、言葉にすると簡単ではありますが、実行するのは難しいことです。なぜなら、「素晴らしいコーチ」の多くはそもそもコーチとしての能力が高いため、自分で何でもできてしまうと思い込んでしまい、なかなか他者を頼れる状況をつくることができないからです。つまり、他者を頼るためには大前提として「自分を知る力」がないといけないということです。また、他者を頼るにしても「何をどのように要望するのか」が適当だと、上手に他者を頼ることができません。要望をする際に「とにかく一緒にコーチングしてほしい」や「何でもいいから何か教えてほしい」といった要望の仕方では、要望されたほうの力を最大限発揮することができず、むしろ困惑させてしまうだけです。

「他者を頼る力」には「他者理解」と**【ゴール設定】**が重要です。先ほど例に挙げたコーチをはじめ、「素晴らしいコーチ」たちは皆「チームとプレーヤーをどのようにしたいのか、そのために必要な要素はどんな要素があり、そのために自分でできることと自分ではないほうが適切な要素は何なのか」を整理し、その上で「○○を△△の状態にしてほしいから一緒に働いてほしい」という要望ができる共通点があります。

何かを学びに行くにしても「他者を頼る力」はカギを握ります。例えば、私が関わっていたあるプロ野球のコーチは、オフのたびにラグビーチームのトレーニングの見学に行き、学びを得て翌シーズンにそのエッセンスを試していました。もちろん、そのコーチは野球畑なのでラグビー界とのつながりはありませんでした。しかし、私がラグビー界の人間だということ、かつラグビーチームから何が学べるのかを理解した上で、目的をもって私に「ラグビーチームに学びに行きたい」と言い、その依頼を受けた私はその目的に最も適していると思えるチームへ依頼しました。ただ漠然と何かを学びたいからどこかのラグビーチームを見に行きたいという曖昧な要望の仕方ではなく、明確な**【ゴール設定】**とオーダーがあったからこそ実現できたと言えます。このように、「素晴らしいコーチ」はさまざまな状況で「自分を知り、他者を理解し、具体的な要望ができる」コーチばかりでした。

三　学び続ける力

「勝ち続けているコーチの特徴」のパートと共通する部分ではありますが、多くのコーチがインタビューなどで学ぶことの重要性を語っています。それは間違いなく大事なことであり、必要なことです。サッカー・フランス代表の元監督であるロジェ・ルメール氏の有名な言葉で、「学ぶことをやめたとき、指導者を辞めなければならない」という言葉があります。多くのコーチが耳にしたことのある言葉であり、理解・納得している言葉でもあると思います。

スポーツに限らず時代の流れがとにかく速い現代において、学ばずに現状のままいることはイコール衰退を意味します。自分の哲学はしっかりともちつつ、常に自分を変化・進化させていくことがコーチを続けていく前提条件になっている現代において、実際に学ぶことを実行しているコーチは実はそこまで多くありません。

なぜなら、コーチは多忙だからです。それはプロであろうがアマチュアであろうが、トップカテゴリーであろうがグラスルーツレベルであろうが関係なく、です。コーチを生業にしている人は目の前の現場やクラブの運営に忙殺され、特にアマチュアのコーチは本業を抱えながらそれ以外の時間でコーチをしています。そんな状況下でコーチは自分のチームとプレーヤーをどのように成長へ導くのかを日々悩みながら考えて、実際にコーチングしています。一方でプロチームのコーチは長いシーズンを戦い心身ともに疲弊しているので、オフはゆっくり過ごしたり、趣味に時間を費やしたりしたくなるものです。まして本業があるコーチはそもそも長期的な休みなどなく、学びに時間を割くことはそう簡単なことではありません。

もちろん、コーチにとって一番大切なことはコーチの語源にもある「プレーヤーを目的地へ導く」ことであり、「自分が学ぶ」ことではありません。しかしそれでも、一日二四時間、一年三六五日と時間が決まっていて自分が学ぶことが最優先事項ではないにもかかわらず、「素晴らしいコーチ」は自分自身が学ぶ時間を必ず確保しています。

私が関わったコーチで、貴重なオフシーズンを全休養に充てるのではなく、一定の時間を学びに投資し、人に会いに行ったり学会に参加したり、他競技のコーチングを学びに行ったりするコーチがいました。仕事終わりの時間や始業前の時間を使った朝活であったり、ネットワークを広げる活動を行ったり、他チームのトレーニングを見学しに行くコーチもいました。

ラグビー界の名将エディー・ジョーンズ氏も、オフの時間を使ってヨーロッパのサッカーチームや日本のプロ野球チームのトレーニングの視察に行っていることがメディアで報じられています。どんなに忙しくても自らの成長のための学びを得るために、世界中のどこへでも行く姿勢こそジョーンズ氏が長年ラグビー界のトップコーチとして最前線を走り続けているひとつの理由ではないでしょうか。

学び続けることを可能にするためには、漠然と学びに行くのではなく、「○○を学びたいから△△に行く」という「ゴール設定と環境設定」をする力が必要です。一日二四時間、一年三六五日と決まっている中で「何かを学びたい」と漠然と考えているだけでは行動に移すことは難しく、結果として学び続けることができません。何を学びたいのか、それをどのようにして学ぶのかというプランが必要不可欠です。「素晴らしいコーチ」は共通してそうしたゴール設定と環境設定を念頭に置き、学び続けている共通点があります。

しかし、コーチが学ぶことができる場はこれまで述べてきたような特別な場所だけでしょうか？　コーチが一番学びを得ることができる場所は、自分自身が行なっている日々のコーチングの現場です。「素晴らしいコーチ」は日々自分自身のコーチングを自分自身で、あるいは私のようなコーチディベロッパーと呼ばれる存在を利用して**【振り返り】**を行い、日々学びを得ています。「素晴らしいコーチ」は学びに時間を投資しているだけではなく、日常を学びの場にする意識をもち、実際に行動しているのです。

四　構造的に捉える力

「素晴らしいコーチ」は本書の一大テーマである「構造的に捉える」ことを自然と実践しています。人が学び成長していくためには**【ゴール設定】**が重要であるということをこれまで繰り返し伝えてきました。かつどのようにゴールを設定するかもしつこいくらい触れ、競技を構造的に捉えることも説明してきました。

私が出会ったコーチの中で特に「素晴らしいコーチ」は、「いまやっていることが最終的に競技パフォーマンスのどの部分につながっているのか」を明確に意識しながらコーチングを行なっていました。つまり、トレーニング環境の設定やフィードバックが「そのときのトレーニングにおけるパフォーマンスの向上」という観点ではなく、「最終的にいつ、どの場面でパフォーマンスを発揮したいのか」という観点で考えているのです。

これは当たり前のように聞こえるかもしれませんが、多くのコーチはそれができていません。それはなぜかと言うと、「競技を構造的に捉える」ことができていないからです。構造的に捉えることができないと、どうしても視点が局所的になってしまい「いま、この状況で起きているこのプレーをうまくさせる」ことに集中してしまい、それが結果的に本番でのパフォーマンスの発揮に反映されず、結果としてプレーヤーを成長に導くことができないのです。一方で、「素晴らしいコーチ」はその競技やパフォーマンスを構造的に捉えることができるので、そうした事態を避けることができ、より効率的・効果的にチームとプレーヤーに学びと成長を提供できます。

あるプロ野球コーチが子どもたちから「一五〇キロのボールを投げられるようになりたい」と質問を受けた際に、「何で一五〇キロのボールを投げられるようになりたいの？　一五〇キロ投げたらアウトが取れるの？」と返答したコーチがいます。まさに、これが物事を構造的に捉えている証拠です。そもそも野球という競技は「一点でも多く点数を取った状態で試合を終える」ことを目指す競技です。その中でピッチャーの役割は「一五〇キロのボールを投げる」ことではなく、「一点でも少なく相手の攻撃を抑える」ことです。そう考えると「一五〇キロのボールを投げる」ことは目的ではなく手段であり、たとえ一五〇キロのボールが投げることができるようになっても、相手チームに点数を取られてしまっては意味がありません。

また、バスケットボールのコーチで印象に残っているコーチも同じような考え方でトレーニングを組み立てコーチングをしていました。そもそもディフェンスの目的は何なのか。ディフェンスとはどんな局面構造によって成り立っているのかが非常に整理されていて、なぜいまそのトレーニングをするのかという理由が、ミーティングを聞いていてもトレーニングを見ていてもバスケットボール素人の私でも分かるようなかたちで展開されていました。

このように、物事の構造を上位概念から整理し構造化できる力があると、トレーニングを行う意味をコーチもプレーヤーも理解することができます。いまのトレーニングが最終的にどこにつながっているのかを理解することで実際のパフォーマンスを発揮する状況をイメージしながらトレーニングを行うことができ、結果的に本番でのパフォーマンスの向上につながります。

これはスポーツだけではなく、勉強やそれ以外のあらゆる分野でも一緒です。実際に素晴らしい教師や講師の授業を見ていても、授業という場を構造的に捉えて整理しているので、いまなぜそれを教えているのかが何も予備知識がない私でも理解できます。話を聞いていても非常に分かりやすいのは言うまでもありません。

物事を構造化できるコーチは例外なく、第二章「トレーニングの構造」でも述べているような上位概念からブレイクダウンしていく思考法で行動しています。逆説的に、そのような思考だからこそ、構造化できるということが言えるのかもしれませんが、いずれにせよ「素晴らしいコーチ」はあらゆることを構造的に捉える力をもっています。

＊＊＊

ここまで、私が出会ってきた「素晴らしいコーチ」に共通する要素について説明してきました。

もちろん、世界、日本国内で活動しているすべてのコーチと会ったことがあるわけではないので、これがすべてではないかもしれません。ただ、ここまで紹介した四つのポイントに関しては、私が素晴らしいと感じたコーチは例外なくもっていました。この四つの特徴を知るだけでもコーチとしての成長につながり、それが結果的にチームとプレーヤーのより良い学びと成長を還元できるようになると思うので、ぜひ参考にしてみてください。

おわりに

私はこれまで自分自身がコーチとして、コーチのコーチとして数多くのコーチとチームをサポートしてきました。早稲田大学ラグビー蹴球部コーチとして大学日本一、ラグビー高校日本代表コーチとして史上初となるスコットランドとアイルランドのU19代表を撃破、七シーズンにわたりコーチディベロップメントとしてサポートした横浜ＤｅＮＡベイスターズが二〇二四年に二六年ぶりの日本一、二軍も初めてのファーム選手権優勝を果たすなど、素晴らしい経験をたくさんしてきました。

このような結果を出せたことは何かひとつの要因によるものではなく、多くの要因が絡み合って出た成果だと考えています。その要因のひとつに「コーチの成長」という要素があったことは間違いありません。

もちろん、コーチが学ぶことは簡単なことではありません。そして、一流になればなるほどその難易度は上がっていきます。コーチの学びをサポートすることを仕事としてきた私は、日々の仕事を通じて改めて「スポーツコーチング」の奥深さや可能性を強く感じ、「スポーツコーチングはスポーツの枠組みには収まらない人材育成ツールである」ことは間違いないという確信をもつようになりました。

しかし、いまの世の中において、スポーツコーチングの価値はそこまで認知されておらず、正しい理解もされていない現状がとても歯痒く、もどかしく思っていました。スポーツコーチングの考え方や価値を広めていきたいと数年前から考えるようになり、その考えは時間の経過とともにどんどん強くなっていきました。

その思いが強くなっていく中で、自分の頭の中にあるスポーツコーチングというものを言語化し整理する、そして、それを書籍として世に送り出すことは、自分にとって有益であるというだけではなく、世の中にとってとても有益なことである。数年前からそんな調子に乗った考えをもつようになりました。

ひょんなことから数年来の念願が叶い、今回、厚かましくも執筆していく中で、改めて自分の中で考えていたことが整理されたと同時に、壊されていく感覚もありました。それは、まだまだスポーツコーチングを突き詰めていく余地を感じさせてくれる貴重な体験でした。

スポーツコーチングに関する考えや理論は、株式会社チームボックスの中竹竜二氏から学んだものがベースとしてあります。中竹氏と一緒にコーチングをさせてもらい、さまざまな機会を与えてもらったからこそ、いまの自分が存在します。

改めて、この書籍を出版するきっかけをくださったパフォーマンスアーキテクトの里大輔氏、写真撮影を快く受け入れてくださった、日頃からお世話になりっぱなしのBring Up Rugby Academy

の菊谷崇氏、常に私に寄り添い叱咤激励してくださったカンゼンの石沢鉄平氏、寒空の中、素敵な写真を撮影してくださったカメラマンの三原充史氏にはどれだけ感謝しても足りないほど感謝しております。

もっともっとスポーツコーチングを探究し、突き詰めていくことで世の中を変える。いつかスポーツコーチングというツールが世の中を豊かにし、進化へと導くものとして定着するよう、これからも私は学び続けます。

最後に、そんなスポーツコーチングオタクの私に対して一切の文句を言わず、支え続けてくれている麻衣子、圭吾、颯太、太凱に心から最大級の感謝を。

二〇二五年三月　コーチングアーキテクト　今田圭太

株式会社 High Performance Hub

東京都杉並区高円寺南1-28-5
HP：https://h-p-h.co.jp/

今田圭太のスポーツコーチングラボ

平日朝7:30から配信中

著者
今田圭太
（いまだ・けいた）

1982年5月27日生まれ、神奈川県出身。コーチングアーキテクト。株式会社High Performance Hub代表取締役社長。小学校1年からラグビーを始め、中学校時代はバスケットボールで全国ベスト8。桐蔭学園高校ではラグビー部に所属し、3年次に全国高校選抜ラグビー準優勝、全国高校ラグビーベスト8、高校日本代表候補に選出。早稲田大学では4年次に全国優勝。同大学大学院進学と同時にコーチ業を開始。母校で4年コーチを務め3度の全国優勝を経験。その後トップリーグの近鉄ライナーズでコーチ（7年）、防衛医科大学校で教員（2年）、トップイーストの日本IBM BIG BLUE/BIG BLUESでヘッドコーチを歴任。2014年からラグビー高校日本代表コーチなどのコーチ育成に携わり、18年から7年にわたってプロ野球・横浜DeNAベイスターズでコーチディベロップメントを担当。現在は日本バスケットボール協会指導者養成委員会副委員長、日本ラグビーフットボール協会コーチング部門員としてコーチ育成に従事。

ブックデザイン＆DTP　**今田賢志**
写真　**三原充史**
撮影協力　**Bring Up Rugby Academy**
編集　**石沢鉄平**
（株式会社カンゼン）

スポーツコーチング解体新書
学びを構造的に捉え人を成長に導く

発行日　２０２５年４月24日　初版
著者　今田 圭太
発行人　坪井 義哉
発行所　株式会社カンゼン
〒１０１-００４１
東京都千代田区神田須田町２-２-３
ＩＴＣ神田須田町ビル
ＴＥＬ ０３（５２９５）７７２３
ＦＡＸ ０３（５２９５）７７２５
https://www.kanzen.jp/
郵便為替 ００１５０-７-１３０３３９

印刷・製本　株式会社シナノ

ISBN 978-4-86255-758-2　Printed in Japan
定価はカバーに表示してあります。
ご意見、ご感想に関しましては、kanso@kanzen.jp までEメールにてお寄せください。お待ちしております。